QUID DU TOURISME SOCIAL AU GABON :

MAYUMBA, QUEL AVENIR TOURISTIQUE ?

LE FESTIVAL DE TOURISME DU GABON

FOUTY BE MOULEKA

Avec la collaboration de l'ONG ETG

TABLES DES MATIERES

Dédicace

Je dédie cet ouvrage à une personne très spéciale qui est entrée dans ma vie par la grande porte, une femme, **Mlle Luce Dannicka BOULINGUI NZAOU**. Tu es un miracle pour moi !

Remerciements

Être un acteur de développement touristique au Gabon n'est pas chose aisée. C'est à la limite, une folie, une utopie, tant le secteur souffre du manque d'intérêt aussi bien par les acteurs touristiques eux-mêmes, que par les pouvoirs publics détenteurs des canaux pour y remédier à côtés de quelques volontés et initiatives des opérateurs privés parfois sans moyens aucun.

Ainsi, plusieurs opérateurs touristiques se lancent directement dans l'appas du gain en se lançant dans la billetterie, l'organ-isation des voyages de groupes et dans la conservation des ressources touristiques à l'état brut. Cependant, l'éducation tour-istique de la clientèle nationale, la promotion de la destination à l'échelle internationale encore moins la valorisation des destinations en zones rurales telles que Mayumba, Lembamba, les plateaux batéké, les parcs nationaux, etc. sont laissées pour compte. Ainsi, est née **l'ONG English For Tourism In Gabon (ONG ETG).** Elle peut se prévaloir d'être le 1er et seul Tour Opérateur Social pour la promotion du tourisme communau-taire au Gabon. Elle existe depuis le 11/11/2012. En effet, elle vise à prospecter les zones dites d'intérêts touristiques, à mon-ter des voyages touristiques de groupe, à faire la promotion des destinations touristiques au bénéfice des touristes écon-omiquement faibles (TEF)[1], telles que les étudiants, les cadres moyens et les chômeurs pour découvrir le Gabon profond ; sa zone pilote étant Mayumba au sud-ouest du Gabon.

L'organisation de la 1ere édition du **Festival de Tourisme du Gabon (FESTOURGA) en août 2015** en est la preuve matérielle. Cet évènement a constitué la deuxième phase qui a rendu l'ex-istence de cet ouvrage possible aujourd'hui. Mais y parvenir n'a pas été une mince affaire n'eut été le soutien moral, financier, intellectuel, technique, et matériel des personnes et institu-tions suivantes que nous voudrions éternellement remercier :

✓ **Entreprises et administrations publiques et privées :**
Nestle Gabon, Kanal7, Gabon Télévision, Mairie de Mayumba, Radio Ubuntu, WCS-MAYUMBA, Parc National de Mayumba (Mr. Eric OGOWET).

✓ **Mécènes :**
Messieurs et mesdames Alain DITONA, MAKAYA François, Dieudonné Koumba (Association Ngiénu), Aristide NGOMA NGOMA (ONG BCER), Sénateur DELICAT Chérubin, Anne-Marie SOUNGOU NGOMA (notre chère maman), Joel AZOUME, Dr. ALELA, TCHIBINDA Destin (Vice-Président de l'ONG), LIN-

ZONZO Daisy Klaide.
Ma famille élargie n'est pas en reste : mes sœurs Ines TESSE, Pascaline TESSE, **MOUSSHAVOU Olivia**, TESSE Sandra et ma famille restreinte : mon ex-fiancée Ida-Flore BADJINA MBOUMBA et mes enfants Hope Romarhy, Luz Tytiana et Diel FOUTY BE.

Par ailleurs, nous voudrions également remercier notre encadreur de Mémoire de Master Professionnel pour son encadrement scientifique, Dr. Joël Jadot MENZENE ; ainsi que les touristes de la 1ere édition de ce FESTOURGA et leur famille pour avoir cru en nous : Fouty- BOULANGA MOULEKA, Dr. DELICAT Chérubin, ITOUMBA Granny Darly, IGNANGA Mouiry Philicia, MOUSSOUNDA Léticia, NTOUNTOUME ELLANG Steeven, BOUASSA Chérine, NDONG MALAMBA Astride, ESSENG EDOU Syrielle, NGOMA Carole, ETOUGHE NDZANE Igor Arnold, DIKAMBI MBOUMBA Camille, MBOLO Merla, Laurin Anne Alexandra, MOUSSHAVOU Olivia Murielle, MAVOUNGOU Guy Silver, NZAMBA Thiemy Yerly, DELICA N'TINOU Stoffel, TCHIBINDA N'SAFOU Destin, HAZOUME Joel, Kilian HAZOUME, SOGNI Lionnelle, et les 3 journalistes de Kanal 7.

Enfin, nous remercions les anciens membres de l'ONG ETG MBAMBI MOYALE Joshard Martin, MOUSSAVOU Christopher, NGANGA NZEMBI Boniface, NZE Hardy, Henry Stephen, MAVOUNGOU Guy Silver et TCHIBINDA N'SAFOU Destin. Nous n'oublions pas aussi les stagiaires qui ont donné du leur : Mlle DIKAMBI MBOUMBA Camille, ITOUMBA Granny Darly, MILENDZI Darcelle, IGNANGA Phylicia, DELICAT N'TINOU Stoffel.

À tous, nous disons merci !

PREFACE

L'honneur est nôtre au moment où nous signons la préface de cet ouvrage **intitulé** « QUID DU TOURISME SOCIAL AU GABON : MAYUMBA, QUEL AVENIR TOURISTIQUE ? » dont **Fouty Be Mouleka** en est l'auteur.

Pour ce qui est du livre, il présente la réalisation du FES-TOURGA de 2015 à 2021. Le Festival de tourisme du Gabon, est le 1er évènement touristique de la mixité sociale au pays ». Ainsi, la réflexion qu'a essayé de mener l'auteur sur ce type de tourisme est fort louable ; surtout en ce qu'elle présente une réflexion menée au sujet de la valorisation de la destination touristique qu'est Mayumba. Mayumba ville de naissance de l'auteur est presque le sujet de réflexion prisé par l'auteur. Une potentielle zone d'intérêt touristique !

En effet, cet ouvrage apporte une piste de solution au développement du tourisme social en ce qu'il présente un évènement touristique de la mixité sociale au Gabon. Un évènement purement touristique qui accepte la participation de toutes les catégories sociales des potentiels clients nationaux comme internationaux.

Le livre présente-t-il aussi la ressource touristique de Mayumba. Un potentiel qui intervient principalement pour le montage de circuits des différents produits que consomment les touristes pendant leur séjour qui peut durer en moyenne deux semaines.

Enfin, l'ouvrage d'explore les volets soulevés dans le Rapport final des RNT en faveur du tourisme social.

Pour ce qui en est de l'auteur, nous félicitons la rédaction de ce chef-d'œuvre qui présente *la destination Mayumba* sous un aspect touristique. C'est surtout une aubaine car les textes touristiques au sujet de Mayumba restent assez limités et parfois peu connus.

Après avoir brièvement parcouru cet ouvrage nous le recommandons aux lecteurs passionnés des sujets en rapports avec le tourisme en général et de celui de la destination Gabon en particulier, pour deux principales raisons : tout d'abord à cause de l'originalité du livre et de son contenu. Puis, pour ce que nous avions collaboré avec l'auteur pendant 3 ans (2013-2016) ; et par cet ouvrage, il nous confirme sa passion pour « la question touristique ». C'est un ouvrage qu'il n'a eu de cesse de vouloir terminer. Aujourd'hui je suis ravi d'en avoir signé la préface.

Puisse la destination Mayumba et le FESTOURGA compter parmi les projets clés de promotion du tourisme social et solidaire au Gabon ! Longue carrière à l'auteur qui est à son deuxième ouvrage après celui publié aux USA en 2013.

Joshard-Martin MBAMBI MOYALE
Écrivain Gabonais,
Entrepreneur social et Président de l'ONG JM Entrepreneurship
et de auteur de plusieurs ouvrages liés au développement commu-
nautaire en Afrique.

INTRODUCTION

Le choix d'être Promoteur touristique (Animateur du Tourisme Local), nous rapproche d'avantage de notre ville natale Mayumba. Mayumba, un petit paradis touristique dont nous souhaiterions en être spécialiste. Une ville dont sa beauté naturelle pourrait la hisser au même niveau que d'autres destinations touristiques prisées mondialement à l'instar de Venise en Italie et du Mont St. Michel en France, malgré sa faiblesse en termes d'infrastructures touristiques et en termes de visibilité. Le lien commun entre ses villes réside aussi sur leur superficie d'autant plus qu'elles semblent aussi petites que Mayes-La Belle, Mayes-Sur Mer, Mayumba. Mais, Mayumba pourrait-elle un jour être aussi célèbre qu'elles ? Mayumba pourrait-elle aussi être classée patrimoine mondial de l'UNESCO[2] afin que son développement réponde aux normes de durabilité ? Pourquoi Mayumba ne deviendrait-elle pas une commune touristique[3] ?

La ville de Mayumba pourrait, elle aussi, constituer une fierté mondiale si la problématique liée à son aménagement durable mais aussi à celle de sa valorisation touristique sont prises en compte par les collectivités locales par le biais du FID[4]. En effet, elle regorge d'un potentiel touristique à valoriser, en guise d'exemple :

- *la ville abrite le seul parc national marin du Gabon ;*
- *le plus grand site de ponte de tortues Luths en Afrique ;*
- *des baleines à bosse ;*
- *des lamantins ;*
- *des dauphins ;*
- *etc.*

En fait, c'est l'une des villes que les Gabonais considèrent comme leurs villes touristiques. Notre rêve (si nous faisons de la politique un jour ou si en notre qualité de membre de la société civile gabonaise, les autorités gouvernementales devraient nous écouter), c'est d'en faire la première Commune touristique du Gabon et si possible la classer parmi les patrimoines mondiaux de l'UNESCO afin de sauvegarder son écosystème touristique (naturel, culturel, historique, etc.). En effet, C'est une ville où nous pouvons rencontrer une diversité de nationaux pendant la période des grandes vacances (saison sèche), qui elle, constitue le pic de l'activité touristique (juillet-août) à l'échelle nationale. Mais surtout, à cette période de l'année, on peut y rencontrer plusieurs touristes occidentaux qui viennent pour la beauté de ses plages et la découverte de son patrimoine halieutique. C'est encore l'une des rares villes du pays où les problèmes de pollution (insalubrité, pollution de l'air et des eaux, etc.) ne se posent pas encore avec acuité.

Par ailleurs, la ville possède aussi bien un formidable patrimoine naturel (plages, cours d'eaux, forêts) qu'un patrimoine historique à découvrir (tombes des négriers hollandais, constructions coloniales, vestiges de l'esclavage, etc.).Tous ces éléments constituent des atouts non négligeables pour faire de Mayumba une ville à visiter. Ils peuvent retracer une partie de l'histoire de notre ville depuis l'arrivée des colonisateurs hollandais, portugais et français. En effet, la ville abrite :

- l'ex résidence du Gouverneur de l'Afrique Équatoriale Française, Félix EBOUE ;
- les tombes des négriers hollandais ;
- l'ancien comptoir portugais des esclaves, etc.

La ville abrite par ailleurs, le site sur lequel Cheik AMADOU BAMBA, le père spirituel de la confrérie des Mourides (Gabon 1895-1902), avait été détenu après avoir été déporté de chez lui, au Sénégal, parce qu'il incitait ses "frères" à ne pas se laisser asservir par les blancs qui occupaient le pays. Il serait mort en 1927 au Sénégal.

Pour ce qui est de la période des Indépendances, Mayumba est détentrice de la Croix de la Loraine, une croix de la confrérie du Général de Gaul symbolisant la liberté conquise par les pays d'Afrique colonisés par la France dès 1960 et ayant combattu à ses côtés lors de la 2nde guerre mondiale. Mayumba serait le premier lieu d'Afrique noire où cette croix avait été érigée (peut-être en souvenir de la mémoire du Gouverneur Félix EBOUE qui y avait résidé). Soulignons au passage qu'un natif de Mayumba aujourd'hui centenaire, porte le nom d'EBOUE car étant né le jour où ce Gouverneur foulait pour la première fois le sol de ladite ville. Cependant, la ville n'est pas connue du grand public. Encore moins participe-t-elle dans l'économie touristique du pays outre son poisson qui serait abusivement pêché et vendu dans les marchés noirs de Libreville, le cas du PK8. Elle semble n'avoir aucun impact touristique direct qui pourrait aider à résorber le chômage que l'on y observe.

C'est dans cette optique que nous tentons de promouvoir les atouts touristiques de cette ville en ayant créé un évènement international dénommé « le FESTOURGA»[5] dans lequel nous ambitionnons au moins une fois l'an y amener des touristes qui visiterons ce que nous considérons être le paradis de l'Afrique

Centrale. Pour ce faire, nous avons créé un circuit touristique de base, pour un séjour de deux (2) semaines et dont la fiabilité du produit a été testé par 25 touristes en août 2015 ; une stratégie susceptible d'y drainer des touristes chaque année. Les effets induits par l'arrivée des touristes pourraient ainsi bénéficier aux populations locales en termes de logement/ hébergement à louer, la restauration, le transport, les guides, l'artisanat, etc. de Libreville à Mayumba.

En d'autres termes, nous voudrions, grâce notamment à notre circuit touristique de base qui est à consommer grâce à cet évènement, susciter la professionnalisation de ce secteur longtemps négligé. Ainsi, nous tentons de mettre à la disposition des promoteurs (agences de voyage, Tours Opérateurs, etc.) un évènement et un circuit riche qu'ils pourront utiliser pour monter un voyage à la carte ou un Tour par le truchement de l'ONG ETG[6]. Les touristes pourront ainsi avoir une idée exacte des sites à visiter, de la période à laquelle ils pourront les visiter en fonction des attractions proposées, du coût du voyage et surtout recenser toutes les prestations et tous les acteurs locaux et nationaux impliqués, en partant de Libreville la capitale jusqu'à Mayumba et inversement. Cet ouvrage touristique et anthropologique vous parlera de Mayumba en trois (3) parties :

La première partie s'articule autour de l'histoire de la ville. Ainsi, elle s'intitule **Brève histoire de la ville de Mayumba.** Il s'agit de présenter la ville de Mayumba (brève histoire de la ville et état des lieux de l'administration touristique) s'il en existe bien sûr.

La deuxième partie s'intitule **Ma première expérience professionnelle de recherche scientifique à Mayumba. Ici,** il s'agira de mon témoignage au sujet du déroulement d'un stage de recherche que j'avais dû y effectuer (tâches effectuées, résultats obtenus, critiques et suggestions) pour rédiger cet ouvrage et tenter d'orienter les collectivités locales si possible.

Dans la troisième partie intitulée **« Organisation du Festival de Tourisme du Gabon (2015-2016) et Le Programme de valorisation du Tourisme social et solidaire au Gabon (2017-2021)»**, nous vous édifions au sujet des moments forts dudit évènement, une première au Gabon. Nous vous ferons le compte rendu d'une expérience touristique vécue principalement par des étudiants de GTHE[7] des Grandes écoles du Gabon. Dans cette partie aussi, nous proposons un circuit touristique de base. Elle tentera de mettre en exergue la base de données touristique de la ville de Mayumba, dans une période relativement longue (2 semaines de séjour voire 1 mois).

Par ailleurs, en termes de perspectives nous examinerons comment ce dernier peut contribuer à résorber le chômage et à booster l'économie de Mayumba à partir des activités touristiques à y mener dans l'avenir à partir d'un business plan présentant surtout la quatrième partie.

Soulignons que les principaux acteurs qui avaient été concernés par ce voyage universitaire sont les jeunes scolarisés âgés de 15 à 30 ans, principalement étudiants et quelques parents. Ceci est un moyen d'intéresser les élèves et étudiants à l'activité touristique pour préparer les futurs acteurs du tourisme de demain, mais, dans une perspective qui intègre le tourisme scolaire et universitaire d'élite, dont les futurs acteurs seront exclusivement bilingue (anglais-français) ; le Gabon se voulant être un pays bilingue. L'Anglais, la langue universelle du voyage.

Une telle vision permet alors de plaindre les compatriotes qui n'ont eu de cesse de s'interroger sur ce que Mayumba peut bien offrir à des visiteurs tant la ville est petite. Pour ces derniers, l'on pourrait tout découvrir de Mayumba au bout d'une excursion touristique. Cependant, grâce à cet ouvrage nous espérons que ces derniers comprendront qu'un voyage touristique (offre touristique) repose sur plusieurs activités dans le circuit, prenant en compte plusieurs potentialités touristiques de la destination à visiter et pour vu que le touriste en soit satisfait. Pour le cas d'espèce, notre circuit touristique de base ne repose pas uniquement que sur la visite guidée du patrimoine naturel. Nous invitons le lecteur touristique à découvrir le programme alléchant qu'a pu offrir le Festival de Tourisme du Gabon. Et d'ailleurs, celui-ci devient le programme de base des activités touristiques de l'ONG ETG jusqu'en 2021.

Enfin, la quatrième partie intitulée **« QUID DU TOURISME AU GABON »** présente les résolutions émanant des **Rencontres Nationales du Tourisme.** Des assises fixant la direction à prendre pour faire du Gabon une destination touristique réelle. C'est juste une observation qui est faite pour voir quelle est la place qu'occupe le Tourisme social et solidaire dans cette vision stratégique dans un contexte ou le Gabon s'en fait l'écho de promouvoir l'économie sociale et solidaire par les nombreuses réflexions qui en résultent. Aussi va-t-elle nous faire l'économie du **projet E-TOUR GABON.** Un projet ayant été validé par l'UNESCO et ses partenaires pour la promotion du tourisme au Gabon.

PREMIERE PARTIE

Brève histoire de Mayumba

□

I
Présentation de la ville de Mayumba

- Brève histoire de la ville

Nous avons été admis à faire notre stage professionnel de recherche scientifique à la Mairie de Mayumba en 2012. Cela nous a permis de nous informer tant bien que mal sur l'histoire de notre objet de recherche.

En effet, jadis, la ville était la capitale provinciale de la Nyanga. Mayumba est situé au sud-ouest du Gabon. À 1h30 de route de Tchibanga, la capitale provinciale. On peut y accéder aussi par avion et bientôt par voie maritime grâce au futur port en eau profonde en construction (si bien sûr cela ne relève pas des promesses politiques sans lendemain).

Cette situation géographique et surtout ses potentialités touristiques peuvent donc faire de Mayumba l'un des futurs poumons économiques du Gabon. Le Maire actuel de Mayumba se nomme Monsieur MAKAYA Guy Castanoul. Il est enseignant d'anglais de formation.

Géographie de la ville

La commune comprend l'île Tchibaka; le village Tchitala; le village Mongo Bana; la Pointe Kouango. Sa superficie est de **2340 ha environ** et date du **décret n° 000679/PR/MIDSM du 23 juin 1995**. Sa côte se caractérise par une longue plage de sable argenté et par une vaste source de lagune composée d'eau douce, d'eau de mer et d'eau saumâtre. Un tel écosystème la classe donc d'emblée dans la catégorie des villes touristiques d'Afrique Centrale.

Ainsi, les sports nautiques, l'éco tourisme et le tourisme balnéaire pourraient trouver aisément leur place. Par ailleurs, la ville possède un passé historique intéressant, et les populations sont très accueillantes. Cependant, Mayumba n'est beaucoup connue que grâce à ses fils et filles de la diaspora, artistes surtout, à l'instar de feu Oliver NGOMA, qui ne cessent de venter la beauté de ses plages, de son sable, les merveilles de sa biodiversité ; en un mot de son écosystème, d'autant plus que chaque Mayésien[8] y vit en harmonie.

Historique de la création de la ville

Du point de vue de la mise en place des populations au Gabon, selon l'une de nos sources écrites « *Délicat Chérubin, la Mission Catholique de Mayumba de 1888 à 1958, Mémoire de Maîtrise en histoire, soutenu en octobre 1984* » disponible à la bibliothèque de l'université Omar Bongo répertoire n° 1220 », Mayumba faisait autrefois partie du pays vili (sia civili) ou Royaume de Loango[9], né de la dislocation du Royaume Kongo en 1665. Selon cette même source, les anciens géographes désignaient la côte de ce royaume « Terre Brama ».

Ainsi, Mayumba existerait bien avant 1888, date de la création de la première mission catholique St. Antoine par la Père Inias STOUFFEL (missionnaire français). Elle tire son nom du mot Portugais Mayombe qui signifierait « grande végétation ». Les Portugais auraient découvert la ville vers le XVè siècle. Jadis, Mayumba s'étendait à Banda Pointe (au village Longo qui d'ailleurs constituait le 1er village vili du royaume).

Présentement, la presqu'île Bana constitue son principal quartier, subdivisé en plusieurs autres petits quartiers. En effet, il y a six quartiers à savoir : Fuika, Mabunda, Kuangu, Bana aviation, Tchiole Ndembet (plus connu par le nom de l'Office[10]) et Ste Antoine qui se situe de l'autre côté de la lagune Banio. Chaque quartier est lié à une histoire qui vous est contée par des guides touristiques ou même les riverains lorsque vous y arrivez. Par ailleurs, les Chefs de quartiers sont toujours volontaires et promptes à vous la raconter. La population de Mayumba est majoritairement jeune ; l'âge moyen est de 25 ans. Elle est estimée à 6.000 personnes. Et, elle s'intéresse beaucoup à la vie de la cité aussi bien politiquement que socialement. D'ailleurs on y dénombre au moins quatre associations de jeunes dont chacune est au service d'une cause : défense de l'huître, de la culture, de l'Environnement, et promoteurs d'activités socioéducatives et culturelles, en plus de l'ONG ETG (en charge des questions touristiques).

Le peuplement de Mayumba

À Mayumba on trouve principalement les populations bavili (vili), balumbu (lumbu) et Ipunu (Punu). Selon notre source écrite cité supra, les bavili et les balumbu appartiendraient au même sous-groupe de la tribu Kongo.

✓ La migration des bavili

Originaire du Royaume Kongo d'abord (1665), puis du Royaume Loango, les bavili auraient immigré à Mayumba vers le XIIIème siècle. D'après notre principale source, les bavili proviennent d'un foyer originel nommé « Mbandza Kongo » ou « la cité du roi », l'actuel San Salvador, qui jadis était la capitale du royaume de Kongo située sur la rive gauche du fleuve Zaïre. D'autres vili reviendraient du Kabinda, de Pointe Noire, de Bavili Loango, de Kayes, de Longo (Banda Pointe) pour s'installer à Mayumba jusqu'à Sette Cama (dans l'actuel Gamba).

✓ La migration Balumbu

Appartenant tout comme les bavili à la tribu Kongo, les Balumbu seraient partis de Kouilou (Congo). Ils passèrent ensuite par Mongo et finirent par s'installer pour une bonne majorité à Mayumba et à Sette Cama. Cette migration se serait faite vers le XVIIIème siècle. Après avoir conquis et peuplé Mongo, certains continuèrent leur chemin pour s'installer sur le continent à Mayumba (au village bilanga principalement vers 1890), sur la côte de la Banio (Mongo Mubana), tandis que d'autres allèrent à Sette Cama.

✓ La migration Bapunu (les yaka)

Les Bapunu sembleraient être les peuples autochtones de la

province de la Nyanga. Ils seraient partis de Tchibanga pour s'installer à Mayumba vers la fin du XIXème siècle. Jadis ils étaient plus connus par les appellations Bayaka ou badjag. En sommes, parce que situé en zone côtière, Mayumba était une zone commerciale grâce au commerce maritime. Le peuple Bavili aurait été composé de plus de femmes que d'hommes à cette période migratoire. Ainsi, la migration Balumbu et Bapunu à Mayumba aurait été principalement motivée par des raisons économiques (commerciales) et matrimoniales.

II
Les saisons touristiques de Mayumba

Quelques services disponibles relatifs au secteur du Tourisme

Mayumba possède aussi bien un patrimoine naturel qu'un patrimoine historique qui savent retracer son histoire et peuvent être considérés comme des atouts indéniables pour l'essor d'un tourisme durable dans la localité. Cependant, comme dans les autres localités du Gabon, les principaux employeurs à Mayumba sont actuellement l'État et le secteur privé, notamment le secteur pétrolier. Or, avec un peu d'incitation à l'entrepreneuriat dans le domaine touristique, notamment avec la création d'un circuit touristique de base, et la valorisation du FESTOURGA, on peut créer davantage d'emplois à Mayumba. Compte tenu de cette situation, nous souhaitons valoriser le potentiel touristique de cette ville en proposant un circuit touristique de base propice à cette activité et calée sur des périodes bien précises en fonction des services disponibles et surtout des attractions.

- 4 Hôtels	-Des forces militaires
- 3 motels	-Une poissonnerie
- 2 restaurants modernes	-Deux boîtes de nuit
- 3 restaurants africains	-Un Lycée
- Plusieurs Magasins	-4 écoles primaires
- 5 plages aménageables	-Un centre médical
- 6 Débarcadères	-Un préscolaire
- 1 Marché municipal (gare routière)	-Un snack Bar
- 1 radio communautaire	-2 cafétérias
- 1 bac exploitable en restaurant mobile sur la lagune Banio	-Trois stades de Football (stage de la Marine, du Lycée et du Marché)
- 1 Parc national marin	-Un complexe sportif (Basketball, volleyball et Handball)
- Des centres de danses traditionnelles	-Un cyber café
-2 taxis	--1 Cimetière des esclavagistes hollandais
-Une ville bien tracée avec quelques salons de coiffures et quelques petites rivières	-1 cimetière pour les Hautes personnalités autochtones
-4 pharmacies	-1 cimetière pour les populations confondues

Source : FOUTY-BOULANGA MOULEKA, enquête personnel de terrain effectuée en août 2012 et 2013

Ceci est une liste des infrastructures à « vocation touristique » de Mayumba (tous secteurs confondus : Public-Privé)

Période propice pour développer l'activité touristique à Mayumba

Plusieurs espèces animales et végétales sont à découvrir pendant votre séjour, quelle que soit la période de l'année. Ici, les saisons de voyages sont déterminées principalement par le mouvement de ces espèces, de la période de l'année et des populations :

· Saison 1 : saison des tortues (de novembre à février)

Au Gabon, le mouvement (invasion) des tortues luths et olivâtres sur les plages se fait une fois par an. Ainsi, elles se promènent pour certaines au large de l'océan atlantique pour d'autres, sur les plages de Mayumba, pour diverses raisons, à savoir :

-   *pour nager à la surface de l'eau,*
-   *se nourrir de méduses (animal marin nageur, translucide et gélatineux ; voir dictionnaire Hachette 2001)*
-   *rechercher un site de reproduction, unique endroit pour une parade nuptiale.*

Après l'accouplement, les tortues mâles repartent au large, tandis que les femelles, elles, portant des œufs, vont chercher le rivage. Et, la côte atlantique ou pacifique d'Afrique est souvent propice, à partir du mois de novembre, pour le cas du Gabon, car, la saison de pluie, qui entraîne une température à la fois chaude et humide, suscite un changement d'énergie avec des orages qui améliorent à leur goût la faune et la flore servant de nourriture aux tortues luths. Miraculeusement, la côte atlantique de Mayumba attire ces tortues tel un aimant. En Afrique, elle est la plus fréquentée. Au monde, elle pourrait même être la première. Soulignons, qu'une tortue luth, peut vivre jusqu'à soixante-dix ans. Le spectacle éco touristique qu'elles vous offrent, est le fait que vous pouvez voir les œufs éclore dans la nuit sombre grâce aux scientifiques du parc national de Mayumba. Par ailleurs, elles vous offrent aussi la procession en groupe de leurs premiers pas sur terre, lorsqu'elles convergent en rampant, vers l'eau où elles vont vivre, si bien sûr, elles y parviennent, car, plusieurs prédateurs peuvent les renvoyer d' où elles viennent, entre autres, l'homme. Et si elles y parviennent, elles aussi, viendront plusieurs années plus tard pondre leurs œufs et le cycle continue. Les femelles ne se reproduisent que tous les 2 à 4 ans. Et au cours d'une saison, elles reviennent pondre 3 à 6 fois. De manière générale en Afrique, elles choisissent les plages sans obstacles, sans récifs et ayant une large bande de sable pour y creuser leurs trous au moment de la nidification. Au moment de la ponte, il faut un silence total, sinon elles repartent dans l'eau car, elles sont vulnérables pendant la ponte. Après, elles les recouvrent jusqu'à éclosion. À cet effet, nous vous donnons un aperçu de la période et lieux d'observation de ces tortues pour les autres promoteurs touristiques autre que l'ONG ETG:

- *Saison des tortues luths (les meilleurs mois sont de novembre à février ; sites autour des villages Koubala et Bame). Elles aiment se promener au large de la mer.*

- *Saison des tortues Olivâtres (mois de novembre au village Nyafessa).*

  • **Saison 2 : Observation des baleines, dauphins et**

autres espèces marines
(de juin à octobre; surtout de juillet à septembre)

Le spectacle éco touristique que vous offre Mayumba, se nourrissant principalement de sa biodiversité marine et côtière, prend aussi en compte l'observation des baleines et des dauphins, tous deux, appartenant au groupe taxonomique des cétacés. Au Gabon, Mayumba est le meilleur endroit où on peut les observer. Le plus prisé des deux est la baleine à bosse dont le nom scientifique est Megapterano vaeangliae. En effet, 10 % des baleines à bosses du monde migrent dans le Golfe de Guinée[11], pour leurs zones d'alimentation riche en Krill, situé plus au Sud. La migration a lieu pendant l'hiver antarctique. Elles arrivent au Gabon au mois de juin et juillet. Ainsi, Mayumba est le premier endroit où l'on peut les voir lorsqu'elles arrivent au Gabon et le dernier endroit où l'on peut aussi les voir lorsqu'elles repartent vers le Sud, après avoir partagé la saison sèche avec les Mayésiens. Certaines continuent leur route plus haute, pour les côtes Camerounaises, Nigérianes et Ghanéennes ; Mais la majorité reste dans les eaux gabonaises.

Pendant leur virée dans nos eaux, certaines baleines donnent naissance à leurs petits et d'autres s'accouplent pour mettre bas l'année qui suivra et parfois au même endroit. Mayumba est l'un des premiers endroits propices pour l'accouplement des baleines au monde. Ainsi, parce que les mâles se « donnent à fond » pendant l'accouplement, l'espèce devient favorable à l'observation, car, ne prêtant pas forcement attention au bateau des chercheurs ou des touristes. Ce manque d'inattention et la violence de la parade amoureuse souvent engendrée par les mâles offrent un spectacle grandeur nature aux touristes parce que, l'effort physique des protagonistes, les emmène le plus souvent, dans les airs, pour ensuite retomber par le côté, dans l'eau ; faisant jaillir de grandes gerbes d'eau de plusieurs mètres de long et qui vont souvent dans toutes les directions ; magnifiant ainsi, la vue des touristes spectateurs. Une parade nuptiale des plus spectaculaires chez la faune sauvage que l'on peut observer à distance ou un peu plus proche ; mais au moins à 30 mètres.

Un autre spectacle des baleines est le « tail-up ». En effet, c'est la spectaculaire image au cours de laquelle, la queue de la baleine émerge de l'eau dans un premier temps, puis s'enfonce dans les vagues au bonheur de la vue des touristes. Cette queue peut rester en l'air pendant 15 minutes en signe de repos de l'espèce ou du refus de la femelle à s'accoupler. Enfin, le « chant » naturel et effrayant des baleines qui est le plus souvent adoucie par le « click » des dauphins. En effet, une virée en mer vous réserve ce spectacle des baleines et des dauphins, mais aussi, les grognements d'autres espèces marines. Les touristes plus courageux peuvent s'offrir une plongée pour ressentir ces émotions vivifiantes au cœur même de la communauté de chaque espèce. Notons qu'à Mayumba, selon les experts du WCS, l'accès en mer est relativement plus facile en passant par l'embouchure. Une recherche de la même organisation a pu identifier en 2005, 105 variétés de baleines à bosse. En moyenne l'on peut en observer 18 par jours. En conclusion, contrairement aux baleines, les dauphins à bosses, aussi appelés Grands dauphins ou dauphins communs (Souzateuszii) sautant souvent par-dessus les vagues sembleraient le faire par plaisir. Cependant, tout comme les baleines à bosses, la *raie manta,* les tortues luths ou les tortues olivâtres, ils font partie intégrante des « artistes acrobates » de la mer à Mayumba. Vous pouvez les observer depuis le rivage, à la plage, derrière les vagues et rarement pendant une excursion pour voir les baleines.

- **Saison 3 : Observation de la faune terrestre (toute l'année surtout en saison de pluies et pendant le mois d'août, de 6h à 9h)**

Tableau de quelques larges mammifères identifiés dans le parc national de Mayumba

Ordre	Nom commun	Nom scientifique	Catégorie UICN[12]

Primates	Hocheur ou pain à cacheter	*Cercopithicusnictitans*	
	Gorille des plaines de l'ouest	*Gorillagorillagorilla*	En danger Critique
	Chimpanzé	*Pan troglodytes*	En danger
	Mandrill	*Mandrillus sphinx*	Vulnérable
Cétartiodactyles	Buffle nain	*Sinceruscaffernanus*	D
	Hippopotame	*Hippopotamusamphibius*	Vulnérable, d
	Potamochère	*Potamochoerusporcus*	D
	Chevrotain aquatique	*Hyemoschusaquaticus*	D
	Sitatunga	*Tragelaphusspekei*	D
	Baleine à bosse	*Megapteranovaeangliae*	i[13]
	Dauphin à bosse de l'Atlantique	*Sousa teuszii*	Vulnérable, d
Pholidote	Pangolin géant	*Manisgigantea*	Menacé, d
Siréniens	Lamantin d'Afrique de l'Ouest	*Trichechussenegalensis*	Vulnérable
Rongeur	Athérure	*Atherurus africanus*	
Carnivore	Chacal à flancsrayés	*Canisadustus*	
	Chat doréafricain	*Profelisaurata*	Menacé, d
Proboscidea	Éléphant de forêt	*Loxodontacyclotis*[14]	

Source : WCS-Mayumba, août 2012

· Saison 4 : Observation des oiseaux (surtout en saison de pluies et de fin août à octobre)

Tableau de quelques oiseaux des 196 identifiés à Mayumba, ses alentours et au Parc National

Nom commun en anglais	Nom commun en français	*Genre*	*Espèce*
Little grebe		*Tachybaptus*	*ruficollis*
Wilson's Storm petrel	Océanité de Wilson	*Océanités*	*oceanicus*
Cape ganet	Fou de cap	*Sula*	*capensis*
Great white pélican	Pélican blanc	*Pelecanus*	*onocrotalus*

Source : WCS-Mayumba, août 2012.Préparé par Dr. Richard Parnell

· Saison 5 : Observation du Lamentin

A Mayumba le Lamentin s'observe dans la lagune Banio (du mois de mai au mois d'août, près du village Tchianzi).

· Saison 6 : baignade et randonnée sur l'eau (toute l'année)

- Plage (le temps à Mayumba est en majorité ensoleillé de

septembre à juin.

En saison sèche comme en saison de pluies, nous bénéficions d'un très beau couché du soleil toute l'année. En effet, les plages de Mayumba sont composées d'une large bande de sable argenté. Les vagues sont très hautes du côté de l'aéroport. Elles sont calmes à la plage dite du Docteur KIANZA. En plus, vous pouvez ramasser des coquillages pour fabriquer vos colliers.

- Surf (de mai à août surtout pour les novices; temps très ensoleillé de mai à juin)
- Plongée sous-marine : au large de la pointe, dans la baie de Mayumba, mieux en saison humide.
- Baignade/vagues phosphorescentes (lors d'un pique-nique vers juillet- août).
- Voyage sur la lagune (possible toute l'année).

• Saison 7 : Pêche sportive (toute l'année)

- Bar à grosse tête/ Bar à tête allongée/ Bar noir / Courbine/ Maigre commun Bossu / Otolithe bobo Dorade sp Dorade grise / Carpe blanche Dorade rose / Pagre à pointe bleue Dorade rouge / Pageau à tâches rouge/ Grand capitaine /Petit capitaine/ Sardine / Alose rasoir Sardinelle/ Sardinelle Aiguille / Petit thon / Palomine/ Fiatola/ Barracuda/Maquereau / Thazard blanc/ Thon / Bonite à dos raye /Rouger barbet du Sénégal/Otolithe camerounais Turbot épineux tacheté/Sole langue/Crocodile à gros yeux / Poisson globe (ventre blanc jaune)
- Poisson blobe 2 (tacheté sur le dos)/Demi-bec brésilien/ Faux mulet / Petit rouge allonge /Chèvre de mer / Carange (ressemble à l'Akpala) /Carange / Grande carangue/ Lippu Pelon/ Pourceau dos noir/ Cordonnier bossu/ Voilier d'Atlantique /Requin borde/Milandre jaune / Requin marteau aile blanche/ Requin a museau pointu /Emissole lisse/Etrille lisse (crabe de mer) Cigale rouge/ Langouste royale/ Migraine maculée/Grand rouge / Vivaneau africain rouge/Mâchoiron de mer/ Bernard l'Hermitte / Pagure /Tarpon .

Source : WCS-Mayumba, août 2012

Voici une liste de quelques poissons couramment rencontrés dans les eaux de Mayumba (noms communs) pour la pratique de la pêche sportive et même pour votre restauration.

• Saison 8 : dégustation de l'huître et langouste

- Pêche à l'huître (le pic c'est en août)
- Achat et dégustation de langouste (le pic c'est fin août et début septembre)

• Saison 9 : Virée au parc national de Mayumba

Le peuple Gabonais et le monde entier doit l'existence des parcs nationaux au Gabon à la bonne volonté du feu Président son Excellence El Hadj Omar BONGO ONDIMBA. Il décidait en 2002 de consacrer 11% de notre territoire à la conservation de la biodiversité. Beaucoup d'efforts restent encore à faire pour que chaque peuple qui habite dans les espaces dits zones protégés ou dans leurs périphéries en comprenne le bien fondé, et, participent ainsi, à la vie de ceux-ci ; de façon responsable ou durable. En effet, plus connu sous l' appellation "Parc marin" de Mayumba, l'Océan Atlantique et la lagune Banio favorisent l'accès à ce dernier. Il couvre une superficie de 91040 ha. Il a été créé par le Décret 614/PR/MEFEPEPN du 30/08/ 2002. On y accède en voiture à partir de Mayumba. Le parc national de Mayumba est géré par l'Agence Nationale des Parcs Nationaux (ANPN).Le parc est peu fréquenté et les populations ne voient pas toujours leur implication dans ce projet pourtant de développement communautaire. C'est pourquoi nous le proposons naturellement dans ce circuit qui devrait pouvoir les impliquer. L'entrée y est réglementée. Mais, nous aimerions que de plus en plus de touristes y aillent pour :

- *ses belles plages,*
- *sa biodiversité marine et côtière,*
- *et le calme y est de mise. Dans ce parc, plusieurs activités règlementées peuvent y être menées.*

Par exemple, voici quelques activités des populations autorisées par la loi :

- *le développement communautaire,*
- *la pêche sportive,*

- la construction d'infrastructures à titre administrative (autorisées par la loi),
- l'observation des tortues et des baleines,
- la recherche scientifique (approuvée par le Ministère en charge de Recherche Scientifique),
- les activités touristiques et récréatives (ayant faits l'objet d'une Licence d'exploitation),
- la circulation en véhicules motorisés,
- le surf, la pratique du jet-ski.

Par ailleurs, soulignons que, la lagune et ses abords, peuvent être aménagés pour plus d'attraits touristiques avant d'accéder au parc national marin de Mayumba. Enfin, rappelons que, à cause des conditions des pistes dans le parc national: il faut avoir un 4x4 fiable, le sable est fort. Et, l'on peut y observer des espèces en compagnie de la navette du parc national.

• Saison 10 : Fête nationale et jours fériés

Les fêtes et jours fériés incluent les fêtes nationales, religieuses et individuelles dans les bars ou les plages, etc.). La bonne période correspond à:

- Fête de noël,
- fête de nouvel an,
- fête de St. Valentin,
- fête de Pâques
- fête De l'indépendance du Gabon
- et la période de grandes vacances. Celles-ci sont des périodes pendant lesquelles il y a de la chaleur dans la ville. Et vous ne vous sentez pas seul en tant que touriste par exemple.

• Saison 11 : Activités des Associations de jeunes

Le Développement du tourisme à Mayumba repose aussi sur l'implication des jeunes de Mayumba, pour la majorité étudiants. Ils sont réunis au sein des associations locales pour témoigner de la cohésion qui prévaut chaque grande vacance et pour proposer du loisir aux touristes à l'instar de Madame Monique Johnson et Mr. Toux. À cet effet, notre circuit qui vous sera proposer dans la deuxième partie s'appuie sur certaines de leurs activités de loisirs pour diversifier notre package, à savoir :

✓ **Les activités sportives,**

- **la participation à la coupe Jules NGOMA.**

En effet, organisée depuis 1990, la coupe Jules NGOMA, est une compétition de football qu'organise la famille du Député NGOMA Angélique, en mémoire de leur père, Jules NGOMA. Il fut un haut cadre de la localité et aurait contribué à la construction de Mayumba. Ainsi, cette coupe fait partie du patrimoine sportif des Mayésiens. Chaque vacance, elle attire prêt de 50 jeunes footballeurs non autochtones car, c'est une occasion pour l'équipe qui la gagne d'avoir un montant de 1.500.000 F CFA. De manière générale, ces professionnels ou amateurs du football l'ayant remporté, repartent chacun avec au moins avec cent mille francs CFA. Lorsque le temps leur permet, Ils peuvent aussi participer au championnat de pirogue dénommé Limbani et autres. Ce fut le cas des joueurs de l'équipe Atlético de la Playa en 2015.

- **Limbani ou course en pirogue**

Limbani fait aussi partie du patrimoine sportif des populations de Mayumba. La famille NGOMA citée ci-dessus en est aussi le principal sponsor. Limbani est le symbole de la ville de Mayumba sans bac ou encore sans le pont pouvant faciliter la traversée d'une rive à une autre. Cette compétition date tout juste après l'arrivée du premier bac à Mayumba (1990). Nostalgiques de cette coutume des Mayésiens en tant que peuple côtier, les jeunes de Mayumba réunis au sein la première et plus grande association de Mayumba à savoir, l'Amicale des Jeunes de Mayumba, en abrégée AJM avaient proposé ce projet culturel et sportif à la famille pour que les générations futures n'oublient jamais que la pirogue fait partie de leur vie car, elle permet :

- de relier Mayumba (Bana) au continent (Socoma et St. Antoine),

- et c'est aussi l'unique moyen de transport pour aller pêcher du poisson ou pêcher des huîtres. Un outil dont les Mayésiens ne doivent jamais s'en défaire. Le gagnant de cette compétition sportive remporte comme premier prix, un montant de cent mille franc.

✓ Les jeux de société

Les jeux de société font aussi partie du loisir à Mayumba. Chaque vacance, plusieurs jeux de société vous sont proposés par l'AJM[15] et par des individus, et de nombreux lots sont à gagner :
- Le jeu de Dame,
- Le scrabble,
- le Songo (très rare),
- la course aux masques (TCHIBINDA N'SAFOU Destin),
- le jeu de carte, etc.

Ces jeux sont organisés au cours d'une ou de deux journées consécutives. Ils font offices de *CASINO de vacance,* quoique, depuis un passé récent la participation est devenue gratuite. Cependant, le gagnant de chacun de ces jeux, remporte au moins une somme de cinquante mille francs CFA comme premier prix.

✓ Les activités d'éducation et du retour au civisme

L'éducation n'est pas en reste dans le package touristique que vous offre Mayumba :

- ### Le club d'anglais vacance

C'est un club animé par l'ONG E.T.G[16] et les anglophiles de Mayumba. Il permet d'offrir des cours d'anglais gratuits aux populations et aux touristes. Les touristes anglophones s'impliquent aussi. À l'issu de l'activité qui dure un mois, un spectacle culturel en langue anglaise et langues locales est organisé. Les participants présentent des chansons en anglais, des pièces de théâtre, des dialogues, etc. Ainsi, chacun reste en contact avec la langue anglaise et se souvient de la présence des volontaires du corps de la paix à Mayumba. Ces volontaires américains ont contribué à faire intéresser les jeunes Mayésiens à l'apprentissage de la langue anglaise et ont fondé le Club d'anglais de Mayumba (Rosa Parks English Club). Les touristes anglophones s'y impliquent souvent.

-        **Des cours de vacances au primaire et au secondaire (au mois d'août)**

Tout comme le club d'anglais vacance, ces cours permettent aux touristes nationaux de renforcer la formation de leurs enfants. Jadis, il y avait aussi des cours domestiques que les femmes de Mayumba, volontaires, donnaient aux jeunes filles âgées de 12 à 17, au Mont Fleuri, à savoir : comment préparer, comment bien garder sa famille, le rôle de la famille, etc. Et, les touristes y avaient aussi accès.

-        **La plante des pousses de cocotiers au bord de mer**

Planter des pousses de cocotiers au bord de mer, est une façon de lutter contre l'érosion marine qui menace la plage de Mayumba et mêmes les habitations des populations. Depuis 2005, une association locale dénommée le Cercle de réflexion des Jeunes de Mayumba pour le Développement, CRJMD organise cette activité écologique chaque vacance avec la participation des élèves des cours de vacances et des touristes responsables.

-        **Le Beach night**

Le Beach night est un piquenique de plage qui commence à 15h00 et s'achève le jour suivant à 10h00. En effet, plusieurs activités récréatives y sont organisées grâce à la participation des populations, qui contribuent à hauteur de 5.000 F CFA.
C'est souvent l'occasion pour les touristes d'échanger officiellement avec les populations. C'est aussi l'occasion de contempler les étoiles la nuit à la plage et fêter les belles plages de Mayumba. La baignade n'est autorisée en après-midi qu'entre

15h00 et 17h00. Le jour suivant entre 7h00 et 9h30. Trois éditions ont été organisées en 2004, 2005 et 2015 par Monsieur FOUTY-BOULANGA MOULEKA, initiateur et avec le soutien d'autres jeunes.

Les activités du Beach night sont :

- nettoyage de la plage
- organisation d'un soccer Beach (match de football de gala)
- organisation de miss plage Mayumba
- exposition des produits artisanaux (surtout fait à base des matériaux de la plage)
- pique-nique de plage
- diner de nuit
- soirée culturelle
- nuitée
- petit déjeuner le lendemain matin
- baignade

Dès 8h00, les participants regagnent leurs domiciles. 10h00, fin de l'évènement.

III
« Base de données » du patrimoine touristique de Mayumba

La base de données que nous vous proposons vous renseigne sur quelques attraits du patrimoine naturel, historique et infrastructurel que vous pourrez visiter à Mayumba, en consommant comme les étudiants de GTHE le circuit touristique de base qui vous est proposé par un voyage organisé de groupe (le FESTOURGA) ou à la carte grâce à l'ONG ETG[17].

En effet, une Base de Données est, d'après l'AFNOR[18], « un ensemble de données bibliographiques relatif à un domaine défini des connaissances et organisé pour être consulté à distance par un intermédiaire à l'aide d'un support écrit, par exemple, un ordinateur et par un réseau de télécommunication ». Ainsi, notre Base de Données a été réalisée via le logiciel Word de Microsoft (faute de ne pas avoir un logiciel approprié).

Rappelons à toutes fins utiles que cette Base de Données (vous) permettra d'avoir des informations sur le potentiel touristique de Mayumba et, son bordereau de saisie comprend les champs ci-après :

-   *Référence (réf),*
-   *Nom du site,*
-   *Description/création,*
-   *Responsable,*
-   *Adresse/Contact,*
-   *Moyen (s) d'accès au site,*
-   *Date de création,*
-   *Période propice des visites,*
-   *condition d'accès (payant/gratuit),*

- *Particularité du site/attractivité,*
- *statut du site (public/privé),*
- *image*

La ville de Mayumba, ayant une histoire qui date de prêt d'un siècle et demi, elle regorge de plusieurs atouts touristiques allant du naturel au travail abattu par l'action de l'Homme. Le tableau ci-après donne une illustration non exhaustive de ce potentiel que vous découvrirez aussi en image (et la période propice pour l'organisation d'autres circuits) dans cette partie.

La Base de Données est classée par patrimoine. Ainsi, vous avez le patrimoine naturel, le patrimoine historique, et enfin, le patrimoine structurel, c'est-à-dire les possibilités d'hébergement que l'on y trouve. À cet effet, voici un aperçu de l'état des lieux du potentiel touristique de Mayumba :

Tableau résumé du potentiel touristique de Mayumba

Identification	Les sites à découvrir seul ou en petits groupes :
Une nature riche	- Des pistes de randonnée, de belles plages (couché de soleil), des zones de campings, - Une biodiversité riche pour le tourisme de nature, la recherche, le tourisme balnéaire, - Des pistes de randonnée, - Beaux paysages à PANGA, organisation des SAFARI de vision dans notre forêt et mer, - Des savanes dans la zone du parc national marin, - Des rivières qui ont une histoire et un potentiel (la rivière Kouango, La rivière Bana, Boudi et Fuika), - Un parc national marin, - Un ancien ranch (10 km après aéroport) avec un Lamentin domestiqué, - Des beaux sites encore inexplorés dans les îles Tchibaka, - Une belle embouchure à valoriser
Des sites Historiques	- Lieux de pèlerinage (La croix de la Loraine et Mouride et artistes), - Des sites archéologiques à découvrir, - L'église catholique (1888), - Le mont-fleuri (éducation religieuse-tradition-

	nelle),
	- Cheik AMIDOU BAMBA –créateur de la confrérie musulmane Mouride– venu de TOUBA-Sénégal,
	- Ancienne résidence de Félix Eboué,
	- Comptoir portugais et sites d'embarcation des esclaves
	- Cimetière municipal (publique)et privée,
	- Cimetière des musulmans,
	- Cimetières des esclavagistes hollandais...
	Oralités : Anecdotes lié à la France (prise de Mayumba par les gaullistes),
	- Anecdotes sur nos villages et rites,
	- Anecdotes autour de la diversité d'huitres (et les techniques de plongées).
Sport Vacances	- Coupe Jules NGOMA (football)
	- Championnat Basket,
	- Marathon urbain et marathon de Plage
	- Limbani (course des pirogues sur la lagune Banio),
	- Coupe Jules NGOMA football (Junior et féminin),
	- Jeux de société (scrabble, damier, songo, course des sacs, etc.)
Culture	- Des rites et danses,
	- Des produits locaux (mets locaux, artisanat et boissons locales)

Source : Enquête personnelle de terrain (août 2012 et 2013)

Commentaire

Ce patrimoine constitue la fierté de Mayumba. Il peut peut-être découvert pratiquement tout au long de l'année. Toutefois, il y'a des périodes propices pendant lesquelles vous êtes sûr qu'en y effectuant un voyage seul ou en famille, vous serez pleinement satisfait. Tout comme les deux premiers, nous vous invitons à découvrir ce patrimoine en images dans ce qui va suivre.

Illustration en images

✓   **Patrimoine naturel**

Champs	Informations

- Référence :	01
- Nom du site :	Plage du Dr. KIANZA
- Moyen (s) d'accès au site :	À pied ou avec un moyen roulant
- Date de création :	Aucune
- Période propice des visites :	Toute l'année
- condition d'accès (payant/gratuit) :	Gratuit
- Particularité du site/attractivité :	Propice à la baignade et à l'organisation des activités récréatives
- Statut du site (public/privé) :	Public
- Image :	Photos de : FOUTY-BOULANGA Date : août 2012

Champs	Informations
- Référence :	02
- Nom du site :	Par national marin de Mayumba
- Responsable :	Conservateur du parc (ANPN)
- Adresse/Contact :	Non disponible
- Moyen (s) d'accès au site :	Par voie fluviale ou par une voiture 4x4
- Date de création :	2002
- Période propice des visites :	Toute l'année
- condition d'accès (payant/gratuit) :	Payant
- Particularité du site/attractivité :	Dans ce parc, on peut observer aussi bien l'écosystème forestier que l'écosystème marin.
- Statut du site (public/privé) :	Propriété de l'Agence nationale des parcs nationaux du Gabon (ANPN)
-	Montage et photo du parc national de

Fouty Be Mouleka

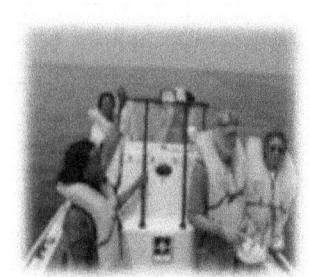

Mayumba

Image :

Date : 2008

Champs	Informations
- Référence :	03
- Nom du site (espèce) :	Baleine à bosse (surveillées par Parc national)
- Moyen (s) d'accès au site : On peut observer en haute mer grâce à la navette du parc.	. On peut aussi les observer depuis la plage de l'hôtel océan (aéroport de Mayumba).
- Période propice des visites :	Du mois de juin au mois d'octobre
- condition d'accès (payant/ gratuit) :	L'observation en navette est payante
- Attractivité :	Observer la parade nuptiale des baleines est un spectacle inédit, entre autres.
- Statut de l'espèce :	Espèce protégée par ANPN

Photo du parc national marin de Mayumba :

Image : 2008

Champs	Informations
- Référence :	04
- Nom du site (espèces) :	Tortues luths et tortues olivâtres
- Responsable :	Parc national marin de Mayumba
- Période propice des visites :	Du mois de novembre à février
- condition d'accès (payant/gratuit) :	Grâce au parc national de Mayumba
- Particularité du site/attractivité :	Mayumba est le plus grand site de ponte des tortues luths en Afrique
- Statut des espèces :	Espèces protégées par le parc de Mayumba

Photo de MAKAYA Quevain (WCS-Mayumba)

Tortue luth   (Date : 2014)

Image :

Tortue olivâtre

(Lepidochelysolivacea) qui niche sur les plages de Mayumba. C'est une tortue à carapace classique, qui ne pèse qu'entre 35 et 40 kg, un grand contraste avec la tortue luth. Elle peut être distinguée des autres espèces de tortue à carapace dure par ses écailles costales. Elle présente 6 ou 9 paires de chaque côté des écailles centrales. Les tortues olivâtres sont les plus nombreuses de toutes les tortues marines du monde, mais plus difficile à observer, elles nichent un peu plus tôt dans la saison que la plupart des tortues luths.

(Dermochelyscoriacea) est la plus grosse tortue au monde et l'un des plus grands reptiles (exception faite de certaines espèces de crocodiles). Sa carapace peut mesurer jusqu'à 1.60 m de long et sa masse peut aller au-delà de 500kg (la plus grosse qui ait été recensée fut pêchée accidentellement au Pays de Galles en 1988. Elle mesurait 2.91 m de long et pesait 916kg). La carapace de la tortue luth est un manteau caoutchouteux couvert d'une peau sombre ayant l'apparence de cuir, tacheté de points blancs. La mâchoire supérieure a des pointes similaires à des dents qu'elle utilise pour attraper des proies molles. Les nageoires antérieures sont très longues et puissantes mais dépourvues de griffes.

✓ **Patrimoine historique**

Champs	Informations
- Référence:	05
- Nom du monument :	Croix de la Loraine (insigne de compagnon de la Libération) proposé par le Général De Gaule)
- Moyen (s) d'accès au site :	on peut y accéder à pied ou par un moyen roulant.
- Date de création :	...
- Période propice des visites :	Toute l'année
- condition d'accès (payant/ gratuit) :	Située sur une montagne, on y accède gratuitement
- Attractivité :	Cette croix symbolise la gratitude et la libération des pays Africains ayant combattus auprès de la France pendant la 2nde guerre mondiale. Elle représente le symbole de la confrérie du Général De Gaule. Lieu de pèlerinage du peuple français, Mayumba est le 1er lieu d'Afrique noire où elle fut érigée.
- Statut du site (public/privé) :	Public

	Photo de : POBA Rudie Date : août 2013

✓ Patrimoine Infrastructurel

Champs	Informations
- Référence :	06
- Nom du site :	Hôtel SAFARI
- Responsable :	…
- Adresse/Contact :	…
- Moyen (s) d'accès au site :	À pied, en voiture ou par bateau
- Date de création :	Vers 1988
- Période propice des visites :	Toute l'année
- condition d'accès (payant/gratuit) :	Payant
- Particularité du site/ attractivité :	Vue sur le pont Banio et sur la lagune. Il possède aussi une piscine
- Statut du site (public/ privé) :	Privé
- Image :	Photo de : FOUTY-BOULANGA Date : août 2012

Fouty Be Mouleka

Champs	Informations
- Référence:	08
- Nom du site :	Motel Matalila
- Responsable :	...
- Adresse/Contact :	...
- Moyen (s) d'accès au site :	A pied ou en voiture
- Date de création :	Vers 2007
- Période propice des visites :	Toute l'année
- condition d'accès (payant/gratuit) :	Payant
- Particularité du site/attractivité :	Pizzeria disponible
- Statut du site (public/privé) :	Privé
- Image :	Photo de : FOUTY-BOULANGA Date : août 2012

Champs	Informations
- Référence :	09
- Nom du site :	Q.G du FESTOURGA (projet de maison d'hôte)
- Responsable :	Mme SOUNGOU NGOMA Anne- Marie

- Adresse/Contact :	Tél : 07 80 66 14- foutybe@yahoo.com
- Moyen (s) d'accès au site :	À pied ou en voiture
- Date de création :	1993
- Période propice des visites :	Toute l'année
- condition d'accès (payant/gratuit) :	Payant
- Particularité du site/attractivité :	Maison écologique (planche traitée). Il y a une grande cours pouvant abriter 10 tentes pour touristes, un restaurant, un parking et des jardins
- Statut du site (public/privé) :	Privé
- Image :	Photo de : FOUTY-BOULANGA MOULEKA Date : août 2012

Champs	Informations
- Référence :	10
- Nom du site :	Pont sur la Banio
- Responsable :	Mairie de Mayumba
- Adresse/Contact :	Aucun
- Moyen (s) d'accès au site :	A pied, en voiture ou par bateau
- Date de création :	20 juin 2014 (livraison par SERICOM)
- Période propice des visites :	Toute l'année
- condition d'accès (payant/gratuit) :	Gratuit
- Particularité du site/ attractivité :	520 m de long, pont mixte (avec passage ferroviaire e piéton). Il relie la ville principale (BANA) et les autres localités (St.Antoine, Socoma, etc.). On peut y observer le coucher du soleil sur la lagune et observer les activités

de pêche et de loisir qui se font sur cette lagune. Il est estimé à 1000 ans d'existence.

Photo de :fr. africatime.com
Date : consulté le 02 juillet 2014

- Statut du site (public/privé) :
Statut : site public

DEUXIEME PARTIE

MA PREMIÈRE EXPÉRIENCE PROFESSIONNELLE

de recherche à Mayumba

□

IV
La Mairie de Mayumba

Cette deuxième partie qui s'intitule **Ma première expérience professionnelle de recherche scientifique à Mayumba vous présentera** mon témoignage au sujet du déroulement du stage de recherche que j'avais dû y effectuer (tâches effectuées, résultats obtenus, critiques et suggestions) en 2012, 2013 voire en 2015 pour parvenir à rédiger cet ouvrage. La Mairie de Mayumba existe grâce au décret, n° 000679/PR/MIDSM du 23 juin 1995.Cette loi définit les limites du périmètre urbain de la commune de Mayumba.

Présentation de la Mairie de Mayumba

En 2013, la Mairie de Mayumba était située entre les quartiers Tchiole Ndembet et Fuika. Elle occupait des bureaux dans le complexe réservé à l'administration publique (marine marchande, Direction des Affaires sociales, etc.). Ce complexe était composé de neuf bureaux. Mais, un Hôtel de ville était déjà en construction depuis quelques années. Au sein dudit immeuble, elle utilisait principalement quatre pièces : le Bureau de Monsieur le Maire principal, celui du Maire Adjoint, celui du Secrétaire Général et enfin une salle de réunion. Le Maire de Mayumba est « le premier magistrat de la ville ». Ainsi, la mairie a la gestion de la vie de la cité. En effet, elle fonctionne comme toutes les autres Mairies du Gabon et devrait prendre appui sur la loi organique n° 15/96du 6 juin 1996 relative à la décentralisation au Gabon. Il est à rappeler que l'équipe ayant dirigée jusqu'aux dernières élections locales de 2013, organisait souvent des campagnes de sensibilisation pour la protection de l'environnement et installait des bacs à ordures dans la ville. Elle était favorable au développement de l'activité touristique. Notons aussi que le maire sortant avait été réélu. La mairie de Mayumba existe depuis 1997. Elle a été respectivement gérée par Messieurs :

- *Antoine DE PADOU MBOUMBOU MIYAKOU, enseignant de formation et homme politique (il en est le Premier Maire de 1997 à 2003).*
- *Bernard PANZOU KONGO, enseignant de formation, Maire de 2003 à 2008.*
- *Enfin, par le Maire actuel, Monsieur Guy Castanoul MAKAYA (de 2008 à nos jours. Il a été réélu (dernièrement). Il est aussi enseignant de formation.*

Outre le Maire, gestionnaire principal, s'ajoutent deux Maires Adjoints, un Secrétaire Général et dix-neuf conseillers municipaux (conformément à la nouvelle réorganisation des conseils municipaux). Le Maire et le Secrétaire Général ont chacun une Secrétaire particulière. Il y a aussi quelques cinq agents de la main d'œuvre non permanente.

• Équipement et Budget

La Mairie de Mayumba a jusqu'à présent un budget de Cent vingt millions de F CFA (120.000.000 F CFA). Elle n'a pratiquement pas d'engins et autres équipement de travail sinon une tractopelle (en panne), un camion benne (en panne), un camion de transport de marchandises et quelques 80 à 100 chaises plastiques pour les réunions.

Son budget est principalement pourvu par l'État (50%) et le recouvrement des taxes et quelques activités propres. La mairie gagnerait à se lancer dans l'animation du tourisme local.

- **Présentation du Secrétariat de la Mairie de Mayumba**

Le Secrétariat de la mairie de Mayumba était sous la supervision d'un Secrétaire Général fonctionnaire. Jusqu'aux dernières élections locales de 2013, c'était Monsieur Jean Claude NGOMA NGOMA. En général, c'était à lui que revenait la supervision des étudiants admis en stage. Nous y avions passé notre stage. Nous n'y étions pas en permanence à cause de l'exigüité des locaux et du manque du personnel d'encadrement (le Secrétaire Général étant en congés lors de notre stage). Le Secrétaire Général avait organisé ce bureau ainsi qu'il suit :

- Gestion des documents administratifs (textes de lois par exemple) ;
- Réception des courriers administratifs (demande de stage, saisie du Maire, etc.) ;
- Coordination des actions de missions de terrain (recouvrement des taxes par exemple) ;
- Réception des dossiers d'État civil ;
- Gestion du personnel.

- **Domaine d'activités et missions**

La mairie de Mayumba a aussi bien des domaines de compétences que des missions qui lui sont dévolues en fonction de la vie de la cité.

✓ **S'agissant des domaines d'activités, elle s'occupe principalement de :**
- Gestion des dossiers d'état civil, organisation politique de la cité, elle est favorable au développement de l'activité touristique à travers l'accueil des étudiants stagiaires du secteur tourisme et de l'assainissement temporaire de la ville.

✓ **S'agissant des missions, elle s'occupe principalement de :**
- La Mairie organise souvent des campagnes de sensibil-

isation pour la protection de l'environnement et la lutte contre l'insalubrité. À cet effet, elle avait installé des bacs à ordure dans la ville ;

- Préserver l'écosystème et la biodiversité ;
- Protéger l'environnement aussi bien économique, social, culture que naturel ;
- Inciter les grands opérateurs économiques à mieux mener des actions sociales dans la vie des populations (logement, éducation, habillement, information, etc.). Par exemple en 2008, la société PERENCO a fait construire des toilettes à l'école catholique de Mayumba. La même société finance actuellement la formation professionnelle des jeunes mayésiens non scolarisés à Libreville et à Tchibanga ; une collaboration établie avec la société SOD-EXO grâce à l'implication personnelle de Monsieur le Ministre Dieudonné NGOUBOU, originaire de Mayumba.
- Établir des comptes rendus trimestriels ou annuels aux départements ministériels respectifs ;
- Accueillir les étudiants stagiaires et organiser des séminaires de recyclage des agents, tous confondus, en fonction de leur possibilité ;
- Enfin, aménager les voiries de la ville.

V
Mon stage professionnel de recherche scientifique à la Mairie de Mayumba

Pour rédiger cet ouvrage, nous avions dû solliciter un stage académique au sein de la Mairie de Mayumba en 2012 et en 2013. En effet, notre stage à Mayumba s'était déroulé en deux phases (août 2012 et août 2013). La première phase s'était exclusivement déroulée en 2012. Elle avait été basée sur l'arrivée au lieu de stage, l'observation et l'imprégnation des tâches à effectuer. Cependant, plusieurs paramètres avaient constitué un frein quant à son bon déroulement, entre autres, le fait que nous n'avions pas pu prévoir, au cours de l'année académique, notre budget de stage. Notre déplacement pour Mayumba avait à cet effet été retardé.

Ensuite, la phase de distribution et collecte du questionnaire (qui avait aussi fait office de guide d'entretien) basée sur le potentiel touristique de la localité ainsi que les forces et faiblesses de la gestion du secteur tourisme dans ladite localité. Enfin, la phase d'enquête de terrain pour la prospection des sites touristiques et des initiatives personnelles. Elle a été effective en août 2013. C'est la deuxième phase de notre stage.

Le projet de recherche scientifique

• Objet d'étude

Notre attachement à la beauté et aux richesses touristiques dont regorge Mayumba nous avait incités à poursuivre nos études supérieures dans le domaine touristique (en anthropologie) pour faire la promotion de ladite ville et en devenir un acteur de marque pleinement impliqué.

En effet, avec un parc national unique en son genre au Gabon (à la fois marin et forestier), des plages au sable fin et argenté où l'on peut observer des baleines depuis le rivage, et bien sûr une biodiversité très riche, nous avons choisi de valoriser ce patrimoine en proposant un circuit touristique de base qui avait été consommé en août 2015 par notre ciblé visée grâce au lancement du Festival de Tourisme du Gabon. Ce circuit touristique a permis et permettra encore de valoriser et surtout faire connaître les différents atouts touristiques aux compatriotes qui, à leur tour, pourront intéresser les touristes et par voie de conséquence, engendrer des effets induits qui bénéficieront aux populations locales.

Ainsi, notre enquête de terrain nous a emmené à recenser les attraits touristiques de la ville ainsi que les acteurs actuels impliqués, pour leur proposer un circuit touristique de base attrayant. En effet, pour proposer un circuit attrayant, il faut, au préalable, savoir :

- *ce que l'on veut vendre,*
- *à qui on veut le vendre,*
- *à quel période ?*

Pour ensuite, envisager des stratégies de vente (publicité, communication, recherche de sponsors, etc.) susceptibles de convaincre le client (ici, le touriste), ce qui permettra au final, d'attirer les touristes à Mayumba et donc d'augmenter leur nombre, étant entendu que, plus ils sont nombreux, mieux l'activité économique de la localité se porte. Nous avons donc été à plusieurs reprises sur le terrain pour observer et surtout recenser et/ou identifier tout ce qui peut intéresser les touristes. Nous précisons tout de suite que notre projet de montage d'un circuit touristique à consommer au cours d'un évènement touristique communautaire, tient en compte la protection et la préservation de l'environnement local.

En effet, il est généralement admis par les Ninois (habitants de la Nyanga) que Mayumba est une ville touristique et même la capitale touristique de la Nyanga voire d'Afrique centrale ; qu'elle abrite la plus belle plage du Gabon et peut-être même de la sous-région.

En partant de cette conception locale méritée, nous avons proposé un circuit touristique de base pour mieux promouvoir la ville et en faire une destination touristique à l'échelle nationale, régionale, voire mondiale par le biais du FESTOURGA. Ce circuit impose cependant un calendrier touristique (FESTOURGA, JMT, Atour, St. Val Tour, et le FESTOURSCU)[19] à respecter en fonction des activités à mener ou des attractions souhaitées :

✓ **Observer les espèces :**

Leurs noms communs : Hocheur ou pain à cacheter, Gorille des plaines de l'ouest, Chimpanzé, Mandrill, Buffle nain, Hippopotame, Potamochère, Chevrotain aquatique, Sitatunga, Baleine à bosse, Dauphin à bosse de l'Atlantique, Pangolin géant, Lamantin d'Afrique de l'Ouest, Athérure, Chacal à flancs rayés, Chat doré africain, Éléphant de forêt.

✓ **Découvrir les vestiges de la localité :**

Le pont sur la Banio, les lieux de pèlerinage (La croix de la Loraine), Des sites archéologiques à découvrir, L'église catholique (1888), Le mont-fleuri (éducation religieuse-traditionnelle), le site de détention de Cheik AMADOU BAMBA (créateur de la confrérie musulmane Mouride, venu de TOUBA-Sénégal), l'ancienne résidence du Gouverneur de l' A.E.F, Félix Éboué, le comptoir portugais et sites d'embarcation des esclaves, le cimetière municipal (publique) et privée, le cimetière des musulmans, le cimetières des esclavagistes hollandais...

✓ **Prendre part aux activités récréatives des populations :**

La coupe Jules NGOMA (Football), le championnat Basket, le Marathon urbain et celui de Plage, Limbani (course des pirogues sur la BANIO), la coupe football Junior féminins et masculin, les jeux de société (scrabble, damier, songo, course aux masques, etc.), les cours de vacances (primaire et secondaire), le Beach night et l'élection Miss Mayumba et le concert populaire.

✓ **Déguster les plats typiquement locaux :**

Le poisson salé, les huîtres, les langoustes, le requin, etc. Nous rappelons qu'au cours de nos enquêtes de terrain, il s'est agi de d'abord recenser auprès des personnes ressources : le Maire de Mayumba, le secrétariat du Maire, les partenaires de la mairie (WCS-Mayumba, le parc national de Mayumba, le comité locale de cogestion du parc de Mayumba), ainsi que quelques touristes, les attraits touristiques de la ville, les acteurs impliqués, le coût des prestations, pour ensuite, proposer un circuit touristique qui a été accepté par la Mairie de Mayumba.

· **Intérêt de cette étude**

Notre étude au sujet de la thématique de cet ouvrage présente un triple intérêt :

D'abord, un **intérêt économique**, puisque le tourisme peut apporter des devises et booster l'économie locale grâce justement à l'apport financier des touristes.

Ensuite, un **intérêt scientifique** car, elle relate aux Gabonais et autres lecteurs, l'histoire de Mayumba jusque-là méconnue audelà de la localité.

Enfin, un **intérêt culturel** en ce sens qu'elle essaie de mettre en valeur l'art culinaire, l'artisanat et les artisans de la ville qui devront s'impliquer dans la réalisation de cet évènement touristique le plus ancien du pays pour la promotion du tourisme local.

· **État de la documentation**

« Un travail scientifique demande de prendre connaissance des travaux des divers auteurs ayant travaillé sur les domaines qui ont un lien avec notre objet d'étude » disait MEKUI M'OBIANG Manuela (2010) en citant un des auteurs sur lesquels elle s'était appuyée pour écrire son Mémoire. Nous avions ainsi la mission de se documenter sur tout travail scientifique ayant un rapport avec le tourisme en général, sinon tout travail scientifique traitant des questions relatives à la ville de Mayumba et son histoire.

Ce travail nous a permis de lire les documents suivants dont la liste n'est pas exhaustive. Ils sont de diverses natures, à savoir : ouvrages de tourisme, Mémoire d'étudiants traitant du tourisme et magazines de tourisme. Il s'agit principalement de :

ADA BIKORO Augustine (2009). Étude Ethnologique des Potentialités touristiques de Cap Caravane : Mémoire DESS : Tourisme. Libreville : Université Omar BONGO

Notre mémoire traitant de la problématique du montage d'un circuit touristique dans la ville de Mayumba, nous y évoquons donc la question des potentialités touristiques. A cet effet, nous sommes amenés à définir cela grâce au mémoire de ADA BIKORO Augustine, à défaut d'avoir un dictionnaire spécialisé en tourisme.

IGOUWE Marie-Noel (2006). L'Écotourisme : une perspective de développement pour le Gabon. Mémoire DESS : Tourisme. Libreville : Université Omar BONGO.

Ce mémoire évoque la question de l'éco tourisme. En effet, l'éco tourisme fait, en générale, référence au tourisme durable. Ce mémoire nous a donc permis de nous imprégner de la façon d'appliquer le tourisme durable au Gabon, à travers l'exploitation durable des treize (13) parcs nationaux et leurs écosystèmes. Il nous a, par la suite, édifié sur le parc national de Mayumba car, il présente une Base de Données sur les merveilleux sites touristiques de ce parc.

MEKUI M'OBIANG Manuela (2010). Catalogue analytique des

mémoires de Maîtrise de 2000 à 2008 du Département d'Anthropologie de l'Université Omar BONGO : Mémoire de Maîtrise Anthropologie. Libreville : Université Omar BONGO.

Ce mémoire est d'une importance capitale. Nous souhaitons qu'il soit disponible en permanence au sein du Département d'anthropologie de l'UOB pour lequel il a été conçu, fort de la pertinence du sujet traité. En effet, ce mémoire évoque les premières étapes à suivre pour la bonne rédaction de nos mémoires de Maîtrise. Ceci d'autant plus que plusieurs étudiants sont souvent victimes du manque d'une bonne méthode de recherche des documents pouvant leur permettre d'écrire leurs mémoires. Surtout, ils souffrent le plus souvent d'une inadéquation entre les documents qu'ils parcourent en amont pour leur recherche et ceux permettant in fine de rédiger leurs mémoires et parfois avec un retard criard. C'est pourquoi dans son mémoire intitulé « *Catalogue analytique des mémoires de Maîtrises de 2000 à 2008 du Département d'Anthropologie de l'Université Omar BONGO* », MEKUI M'OBIANG Manuela propose un catalogue de mémoires soutenus entre 2000 et 2008.Pour nous, c'est une mini bibliothèque qui pourrait dorénavant mieux orienter les étudiants en quête de la bonne documentation. Par ailleurs, ce mémoire nous a permis de faire un état des lieux de la documentation que nous avons utilisée pour que ce travail soit réalisé.

MENGUE BEKA Alexandrine (2009). Gabon Tour et la promotion touristique à travers la Publicité : Mémoire de DESS : Tourisme. Libreville : Université Omar BONGO.

Ce mémoire traite de la promotion d'un produit touristique à travers la publicité. En effet, MENGUE BEKA Alexandrine, dans son étude propose la publicité comme moyen de promotion touristique. Cependant, nous complétons cette proposition par une autre stratégie plus pragmatique à travers l'évènementiel touristique permettant de consommer notre circuit touristique de base. Nous pensons qu'au-delà de la publicité, il est plus réaliste de promouvoir un produit touristique en faisant consommer directement le produit par un voyage organisé ou à la carte. Ainsi, ces touristes pourraient eux-aussi, non seulement revenir une prochaine fois pour consommer ce même circuit, mieux, ils pourraient relayer l'information de bouche à oreilles ; un moyen de communication qui marche encore très bien dans notre pays, faute de ce qu'à l'intérieur du Gabon, toutes les petites villes n'ont pas encore pour la majorité, accès aux nouvelles technologies de l'information (Internet par exemple) encore moins ont-elles accès à la télévision ou même à la radio.

MOUSSAVOU MOUANGA Imelda (2009). L'existant en matière de réceptifs hôteliers officiels à Libreville : le cas de la direction générale de l'hôtellerie et du contrôle des hôtels. Rapport/Mémoire DESS : TOURISME. Libreville : Université Omar BONGO.

Ce mémoire de recherche nous a permis de nous imprégner de plusieurs termes techniques du secteur tourisme. En effet, faute d'une Librairie digne de ce nom à Libreville, il ne nous a pas été possible d'acheter un dictionnaire spécialisé dans le secteur tourisme. Ainsi, le travail de MOUSSAVOU MOUANGA Imelda, nous a beaucoup servi.

Dr. PARNELL Richard, SANDERS Aimée et NGUESSONO Solange. Mayumba Tourism Brochure (2008) : Mayumba, un Mélange Unique de Vie Sauvage Extraordinaire, de Riche Culture Africaine, et d'Ambiance Balnéaire Tranquille. Parc National de Mayumba.

Tout comme le livre de l'auteur VANDE WEGHE Jean Pierre qui nous a édifié sur le parc de Mayumba, la brochure publiée par les co-auteurs cités ci-dessus, présente aussi les attraits touristiques non seulement de ce parc, mieux, elle nous a édifié sur le fonctionnement du tourisme à Mayumba de manière générale.

VANDE WEGHE Jean Pierre (2007). Gabon's national Parks: Loango, Mayumba and lower Ogoué. Ed.Wildlife Conservation

Society (WCS). Libreville, Gabon.

Ce livre nous présente le potentiel dont regorgent les parcs nationaux de Loango et de Mayumba. Il souligne au passage que les deux parcs sont situés dans des zones côtières. Cependant celui de Mayumba est d'une singularité qui en fait de lui, un parc unique en son genre en terre gabonaise.

· PROBLEMATIQUE ET HYPOTHESE

Ce point permettra aux lecteurs, les étudiants en particulier d'apprendre à poser une problématique et d'en connaître son intérêt. C'est le problème identifié au sein d'une communauté qu'il faut résoudre. Ensuite il faut en émettre des hypothèses.

✓ Problématique

Mayumba est situé au sud-ouest du Gabon, à environ 900 km de Libreville. Mayumba est situé presque à 2h de route en partant de Tchibanga, la capitale provinciale et à 12h de route en partant de Libreville en ligne directe, avec un arrêt de 15mn à chaque escale, à savoir, Lambaréné, Mouila, Ndendé et Tchibanga. On peut y accéder aussi par avion, et bientôt par voie maritime grâce au futur port en eau profonde en construction. Le pont sur la Banio inauguré le 20 juin 2014, désenclave déjà la ville de Mayumba, et vous donne dorénavant un accès 24h/24h. La traversée par Bac n'est plus qu'un souvenir lointain. Ces différentes voies d'accès nous emmènent donc à proposer aussi bien un évènement touristique communautaire qu'un circuit touristique de base qui prennent en compte les merveilles du terrain qu'on trouve entre Libreville et Mayumba.

Signalons qu'avec le temps un circuit touristique maritime (Libreville-Port Gentil-Gamba- Mayumba) basé sur le model que nous proposons dans le FESTOURGA, pourrait aussi être créé. Aussi et compte tenu de tous les atouts dont dispose la ville de Mayumba, quelles stratégies pragmatiques peut-on mettre en place afin que les touristes viennent y séjourner ? Autrement dit, comment, avec toutes les potentialités touristiques disponibles dans la localité, procéder pour attirer des visiteurs, et par voie de conséquence, booster l'économie locale en berne ? Est-ce que le festival de tourisme du Gabon pourrait en être la solution ?

✓ **Hypothèse**

En abordant le problème, nous tentons de montrer que Mayumba peut contribuer à l'essor du secteur tourisme au Gabon par le biais de ses sites touristiques (culturels, infrastructurels et naturels).Comme nous l'avons dit dans notre introduction, l'économie de la ville de Mayumba connaît beaucoup de problèmes et le chômage y est élevé. Or, c'est une ville qui dispose d'un atout important capable d'aider à l'amélioration de la situation en fonction d'un calendrier touristique qui serait basé sur ses principales potentialités touristiques, à savoir :

- *un parc national marin,*
- *des vestiges historiques,*
- *une faune et une flore très riches,*
- *des cours d'eaux et de très belles plages,*
- *des infrastructures hôtelières,*
- *etc.*

Alors, comme hypothèse à notre problématique, nous pouvons dire que la promotion de l'évènementiel touristique et l'existence d'un circuit touristique de base à Mayumba, un circuit qui repose sur un calendrier touristique réel, ainsi que sa promotion aussi, peuvent contribuer à résorber le chômage dans la localité, grâce notamment à l'affluence des touristes et à la publicité faite autour de celui-ci par le biais d'Internet et des Réseaux sociaux par exemple. En effet, attirer de nombreux touristes pourrait, par voie de conséquence, relever l'économie de la ville et contribuer ainsi à la réduction du chômage quasi endémique dans ladite localité.

• **Méthode utilisée**

Notre recherche s'est effectuée de trois manières. Dans un premier temps, nous avons utilisé un questionnaire (voir annexes).

En effet, lorsque les personnes ressources savaient lire et écrire, nous leur soumettions le questionnaire. Puis, nous repassions quelques jours plus tard pour le récupérer. Cependant, le même questionnaire était utilisé comme guide d'entretien pour les personnes ressources du troisième âge ou pour ceux qui voulaient que nous les aidions à mieux comprendre les aspects techniques du questionnaire.

Par ailleurs, nous avons aussi consulté quelques sources écrites (mémoires de recherche, livres et brochures de tourisme pour enrichir notre travail).

Enfin, nous sommes allés plusieurs fois sur le terrain pour explorer les sites touristiques, vérifier et confirmer les informations recueillies.

- **Contexte général**

✓ **Situation mondiale**

Dans plusieurs pays du monde, le tourisme est un outil de développement. C'est un secteur qui, pour prendre le cas de la France, a généré en 2012, 83 millions d'emplois et a contribué à hauteur de 7,2 % dans le P.I.B de ce pays. C'est donc un secteur qui fait de la France, la première destination touristique du monde ; un secteur qui permet à plusieurs autres pays d'être mieux connus : le Kenya, le Botswana, le Sénégal (pour l'Afrique), le Costa Rica, et bien d'autres (pour ce qui est du reste du monde).

Rappelons aussi que conformément aux nouvelles exigences de développement que s'assigne chaque pays, nous aspirons, pour le cas du Gabon, à œuvrer pour un tourisme durable. Tout comme le développement durable, le tourisme durable nous permet aussi de conserver notre patrimoine au bénéfice de la recherche et du développement pour les générations futures. La ville de Gorée au Sénégal est par exemple classée patrimoine mondiale de l'UNESCO grâce à son patrimoine historique retraçant l'histoire des Noirs pendant la période de l'esclavage. Des espaces naturels tel que le parc national de la Lopé au Gabon (classé patrimoine mondial de l'humanité en 2007 par l'UN-ESCO) le sont aussi. C'est dans cette perspective que nous comptons inscrire la ville de Mayumba grâce à cet ouvrage qui la met au goût du jour.

✓ **Situation Gabonaise (cas de Mayumba)**

Mayumba, grâce notamment à son potentiel aussi bien naturel qu'historique, peut engendrer une économie durable autour du concept tourisme durable que nous avons défini comme étant « un terme désignant l'application des principes du développement durable au tourisme. La notion de tourisme durable reprend les trois concepts piliers du développement durable, à savoir *les aspects environnementaux, sociaux et économiques de la vie en société*, adaptés à ce secteur particulier »[20]. Ainsi, ajoutés aux stratégies que met en place le Ministère du Tourisme à travers Gabon Tour ou plus récemment à travers l'agence gabonaise du tourisme (la stratégie nationale du Tourisme par exemple), le FESTOURGA aussi bien que notre circuit touristique de base pourraient être d'un apport considérable pour promouvoir la ville de Mayumba grâce au soutien de l'ONG E.T.G qui se charge de l'implémenter. C'est un défi à relever chaque deux mois. Et si cela devait apporter des résultats grâce à l'implication d'autres partenaires telle que **l'association NGIENU**, nous les mettrons à la disposition d'autres touristes (les résidents au Gabon d'abord), puis, nous l'adapterons au fil du temps aux touristes internationaux.

L'ONG E.T.G se charge de cet évènement car, il semblerait plus facile pour une association d'inciter des partenaires à financer ce voyage communautaire au bénéfice des élèves et des étudiants du Gabon en particulier, dans l'optique de susciter leur éveil touristique, de compléter leur éducation classique par son entremise. Nous pensons résolument qu'il n'y a pas meilleure façon de promouvoir une ville dite d'intérêt touristique comme Mayumba et de la rendre financière rentable, si ce n'est par l'organisation des voyages organisés.

- **Justification et pertinence du Festival de Tourisme du Gabon (FESTOURGA)**

✓ **Justification**

Grâce aux évènements touristiques de l'ONG ETG[21], en particulier le FESTOUGA, l'occasion est donnée aux élèves, étudiants et salariés aux revenus modestes que nous qualifions de touristes économiquement faibles (le cas de la 1ère édition en août 2015) de se réapproprier l'histoire des localités de notre pays et de celle de Mayumba en particulier.

En s'appesantissant sur ce qu'est le tourisme durable, le FESTOURGA tente d'exploiter la majorité du potentiel touristique dont regorge la ville de Mayumba, pour diversifier les connaissances de nos touristes et surtout pour enrichir leur séjour autour, soit du loisir simplement, soit autour du loisir, de la découverte, des animations et de la recherche.

C'est souvent une occasion bien donnée pour promouvoir quasiment toutes les formes de tourisme indiquées par le gouvernement (écotourisme, tourisme d'évènements et tourisme d'affaire) pouvant contribuer au développement de la ville à travers, le social, l'éco tourisme, le sport, la recherche, le tourisme communautaire, le tourisme religieux, etc.

✓ **Pertinence**

Nous espérons qu'à la longue, le FESTOURGA impliquera la quasi-totalité des acteurs locaux du secteur voir les tours opérateurs à l'intérieur. Il sera un moyen pour résorber le chômage pendant la période de grandes vacances car, il permettra aux populations de s'intéresser aux métiers du tourisme, surtout avec l'existence du pont sur la Banio qui ouvre déjà Mayumba au reste du pays 24h/24. Ainsi, les populations peuvent s'appuyer sur son circuit touristique de base pour créer d'autres circuits similaires ou plus étoffés (ou moins) que le nôtre.

Ainsi, l'économie de Mayumba pourrait être basée principalement sur l'activité touristique durable (d'où notre ambitieux projet politique dénommée **la création des communes touristiques à partir de 2023**) grâce notamment à l'entrepreneuriat et à la promotion « vente » de nos us et coutumes et de celle de ce paysage paradisiaque. En effet, le tourisme communautaire voire durable auquel nous aspirons ne saurait se développer si les acteurs impliqués sont acculturés de leur potentiel. Le point qui va suivre vous fera l'économie de quelques statistiques personnelles en termes de création d'emploi, si cet évènement ou les autres devaient réussir chaque année.

- **Statistiques de prévisions de création d'emplois en cas de survie du FESTOURGA**

✓ **Illustration de la création d'emplois à Mayumba (secteur tourisme) : situation en 2012-2013 (Tourisme- Pétrole- Bois et TP-État-Petits métiers)**

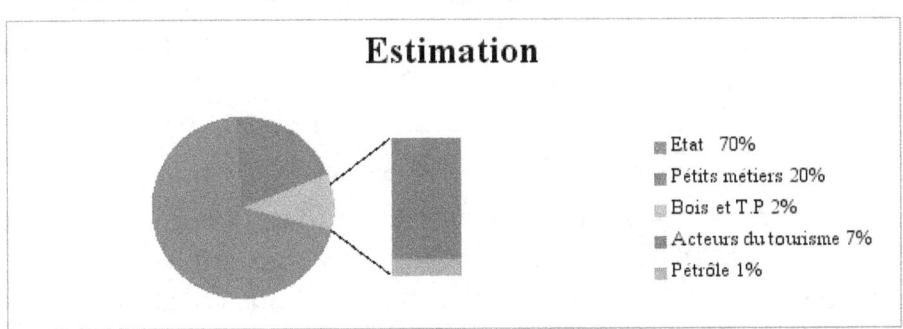

Situation après la réussite du FESTOURGA par le lancement de l'Industrie du tourisme à Mayumba

Source : FOUTY-BOULANGA MOULEKA, basée sur une enquête de terrain.

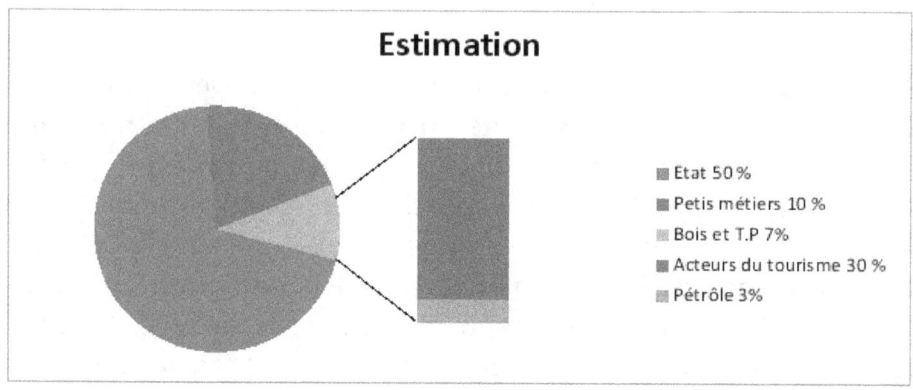

✓ Commentaire des graphiques :

Le graphique qui vous est soumis présente l'analyse faite par Monsieur FOUTY-BOULANGA MOULEKA, d'abord en août 2012 lors de la première phase de son stage académique de recherche scientifique (graphique numéro 1).Un an plus tard, lors de la deuxième phase de son stage, il nous a permis d'établir des hypothèses quand la création d'emplois que pourrait engendrer la réussite de cet évènement touristique communautaire (graphique numéro 2).

Dans chaque graphique, chaque couleur représente un secteur d'emploi. Le premier graphique présente qu'à Mayumba, l'état est actuellement le plus grand employeur. Il octroie environ 70% d'emplois. Le deuxième employeur est le secteur des petits métiers soit 20%. Puis, il s'ensuit le BTP (2%), le secteur tourisme (7%). Enfin, le secteur pétrole (1%).

Outre les emplois pourvus par l'état à travers l'administration publique, les 30 % des autres secteurs sont des emplois privés et d'ailleurs précaires car, ne garantissant pas une cotisation dans le long terme à la CNSS, pour assurer la retraite de chaque employé.

En **termes de résultats,** le graphique nous renseigne qu'une fois que cet évènement réalisé dans de bonnes conditions de façon régulière, l'état n'emploierait plus qu'à hauteur de 50 %. Suivi du secteur tourisme (30%).

Il est bon de savoir qu'une fois le FESTOURGA sera réussi, le secteur tourisme pourrait devenir omni présents aussi bien dans les 50% des emplois pourvus par l'état que dans les 10 % de ceux pourvus par les petits métiers.

A cet effet, le secteur tourisme est le futur grand pourvoyeur d'emplois à Mayumba soit-il par le biais de l'état que par l'entrepreneuriat, lorsque les populations se seront imprégnés de l'apport considérable de l'exploitation des attraits touristiques de la ville par le biais du montage d'autres circuits touristiques et/ou de la promotion de la ville.

Le déroulement du stage professionnel de recherche scientifique

 • **La première phase : phase d'accueil, d'observation et d'imprégnation**

Nous étions arrivés à Mayumba le 27 juillet 2012. Nous sommes allés sur le lieu de stage, le lundi 30 juillet. C'était notre première rencontre avec Monsieur le Maire de Mayumba. Monsieur le Maire était accompagné du Secrétaire Général de ladite institution. Nous leur avons présenté nos documents administratifs : convention de stage, lettre de recommandation, etc. Après cette prise de contact, nous nous sommes donné rendez-vous pour le lendemain, pour une seconde rencontre.

Cette seconde rencontre nous avait permis d'avoir notre première séance de travail. Le Maire nous avait délivré une note administrative afin de nous faciliter l'accès aux personnes ressources et aux partenaires de l'institution. Le Secrétaire Général de la Mairie prenait ses congés à cette période-là, le Maire s'est lui-même proposé d'être notre encadreur. Attention que nous avons appréciée.

Il a cependant pris le soin de préciser que « nous ne nous verrions que pour des besoins essentiels de terrain. Il vous faudra être imaginatif », surtout que la fête de l'Indépendance venait au pas de course.

Nous avons commencé notre stage ce même jour après que nous ayons revu, tous ensemble, le chronogramme d'activités de stage.

- ### La phase d'insertion ou phase active

Nous avons revu le chronogramme d'activités de stage et les cinquante copies du questionnaire que nous avions déjà prévu depuis Libreville pour la circonstance. Après validation du chronogramme d'activités et du questionnaire, nous nous sommes séparés et le stage a débuté. Nous allions au Bureau au moins une fois dans la semaine. Il fallait surtout être sur le terrain pour prospecter les sites touristiques, échanger avec différentes personnes ressources, et aussi distribuer le questionnaire. Les rares occasions pendant lesquelles nous allions au bureau étaient surtout pour nous imprégner du travail des autres agents. Soulignons à ce sujet qu'ils semblaient, pour la plupart, être réfractaires à l'échange. Toutefois, nous pouvions quand même bénéficier de la collaboration de la secrétaire particulière de Monsieur le Maire qui, hormis l'encadrement au sujet de la gestion orthodoxe des dossiers administratifs, nous racontait aussi l'histoire de la ville et de certaines grandes familles de Mayumba. Nous proposons ci-dessous certaines des tâches effectuées pendant le stage académique.

✓ **Description des tâches et missions effectuées**

Au secrétariat du Maire, nous nous étions d'abord imprégnés de la logistique de Bureau que la Secrétaire particulière de notre encadreur utilisait pour préparer le courrier sortant. Elle se composait principalement de :

- une machine à écrire ;
- de gros classeurs sur lesquels étaient inscrits : courrier entrant, courrier sortant ;
- un ordinateur de bureau ;
- une imprimante (souvent en manque d'ancre).

Ensuite, nous avions appris les techniques de classement et de conservation du courrier entrant et sortant. Des documents administratifs en rapport avec la Mairie nous avaient été donnés à cet effet afin de mieux connaître l'institution. Enfin, un échange mutuel se faisait régulièrement entre le Secrétariat et nous. Nous leur donnions quelques conseils pratiques quant au besoin de créer un site internet propre à la mairie et la nécessité de moderniser le service avec l'approvisionnement en logiciels de travail. Par exemple, nous leur avions conseillé de se procurer des supports de stockage (clés USB) pour ne pas encombrer la mémoire de l'ordinateur et donc conserver la bonne rame pendant les saisies des courriers administratifs.

Toutefois, en l'absence d'un Service Technique en charge des dossiers des acteurs du secteur tourisme, Monsieur le Maire nous avait donné quelques conseils de terrain pour mieux collecter des informations auprès des personnes ressources. En effet, il nous avait recommandé de nous adresser à ces personnes ressources comme un " fils du village". Il fallait que nous soyions moins regardant car « les théories de classe ont parfois beaucoup de limites sur le terrain ». Nous rencontrions très rarement le Maire. La grande partie de l'encadrement se faisait par téléphone. Il ne ménageait d'ailleurs aucun effort pour le bon déroulement de cette méthode de travail.

- **Sur le terrain : La phase de distribution du questionnaire d'enquête sur les potentialités touristiques de Mayumba auprès des informateurs (du 03 au 10 août 2012)**

Le dépôt des enveloppes contenant nos documents de stage (documents administratifs en provenance de l'Université, l'autorisation de notre encadreur et le questionnaire) avait constitué la première phase de terrain. En effet, nous avions distribué les courriers auprès de tous les acteurs qui étaient susceptibles de constituer une personne ressource et qui pouvait nous édifier sur l'histoire de la ville et surtout des sites touristiques existant ou tout autre espace pouvant être utilisé comme tel. Il s'est agi principalement des acteurs du tourisme suivants :

- *le WCS-MAYUMBA,*
- *le Parc national de Mayumba,*
- *les chefs de quartiers et chefs de terre, et tout individu pouvant être une source fiable.*

Nous les avions informés par la même occasion que nous ambitionnions organiser une conférence sur le tourisme à la fin du stage et que ceci était une initiative personnelle. Et nous avions profité de cette mission administrative pour solliciter de leur part une aide pour l'organisation de ladite conférence. C'était aussi l'occasion pour nous de voir combien ils souhaitent s'impliquer dans le développement du secteur tourisme à Mayumba.

- **La phase de collecte d'informations (du 03 au 28 août 2012)**

L'enquête s'était déroulée de deux manières. D'abord nous avions distribué le questionnaire et avions accordé quelques 15 minutes à chaque personne ressource pour voir si elle avait besoin de plus d'explications pour comprendre celui-ci et répondre objectivement aux questions. En effet, à ceux qui avaient besoin de notions sur certains aspects techniques du domaine touristique, pendant les 15 minutes, nous les guidions. Ensuite, nous laissions le questionnaire. Certains nous avaient fixés des jours de rencontre, à l'instar de Madame Martine BOUANGA, Monsieur Alphonse NGOMA et même quelques touristes. Avec ces derniers, nous avions eu au moins deux séances de travail. D'autres nous avaient demandé de passer uniquement quelques jours avant la fin du stage. Disons que certains avaient déjà une bonne connaissance du sujet et d'autres étaient pris par leurs activités si bien qu'ils ne pouvaient pas nous accorder plusieurs séances de travail. Après la phase de distribution du questionnaire, a suivi la phase de prospection des sites touristiques.

- **La deuxième phase : phase de prospection des sites touristiques et des initiatives personnelles (du 03 au 28 août 2012 et 2013)**

Cette phase a constitué l'essentiel de notre mission de terrain en ce sens qu'elle devait aboutir à l'élaboration d'un circuit touristique réel. Il nous fallait toucher du doigt les réalités touristiques du coin, c'est-à-dire, voir par nous-mêmes, au moins à 30%, le potentiel touristique dont regorge la localité. Cette phase a donc occasionné plusieurs sorties sur le terrain, c'est-à-dire plusieurs contacts directs non seulement avec des personnes ressources (à l'exemple des potentiels guides), mais aussi avec les sites touristiques eux-mêmes (voir où ils se trouvent et dans quel état ils se trouvent avant de les sélectionner comme sites de notre circuit).

- **La phase de collecte des questionnaires et contrôle (du 20 au 25 août 2012)**

Une fois par semaine, nous rencontrions notre encadreur pour faire le bilan à mi-parcours. Au cours de ces rencontres, nous lui faisions le point sur nos découvertes et les manquements observés. Lorsque c'était possible, il intervenait séance tenante, dans le cas contraire, il nous orientait vers d'autres endroits ou d'autres personnes ressources. A la fin de la collecte des questionnaires, la dernière séance de travail a consisté à vérifier la fiabilité des réponses de quelques questionnaires avec notre encadreur. Ces rencontres lui permettaient aussi de nous aider à mieux préparer notre conférence au cours de laquelle nous devions présenter au public les sites touristiques répertoriés et retenus dans le cadre du montage de notre circuit touristique et du lancement du FESTOURGA. Voici un résumé du chronogramme officiel d'activités.

✓ **Chronogramme d'activités :**

Heures de travail et de pose (de lundi à samedi)	Activités de bureau et terrain	Personnes ressources
8h00- 12h00 Bureau	-Comment gérer les courriers administratifs, - Comment établir un chronogramme d'activités lors d'une mission de terrain -Vérification des avancées du stage (surtout au téléphone) -Distribution du questionnaire	Le WCS- Mayumba, Le Parc national de Mayumba, les touristes, les individus (habitants de la ville).
12h00-15h00	-Pose déjeuné	
15h00-18h00	-Prospection des sites touristiques -Exécution des Rendez-vous avec les personnes ressources -collecte de questionnaires. - contrôle personnel des réponses du questionnaire - Initiatives personnelles	

En dépit de ce chronogramme officiel nous avions aussi entrepris quelques initiatives personnelles pendant le déroulement de notre stage.

✓ **Initiatives personnelles : Organisation d'une conférence sur son potentiel touristique (samedi 25 août 2012)**

C'est la première conférence du genre sur le tourisme et l'écotourisme à Mayumba. La conférence avait consisté à présenter l'objet de notre recherche et ses résultats (un état des lieux sur les sites touristiques et les infrastructures touristiques, ainsi que la base de données touristiques).

Ensuite, l'assistance proposait quelques pistes de réflexions quant à sa valorisation afin de résorber le chômage à Mayumba. Ce fut aussi une occasion pour nous d'enrichir notre recherche en venant bénéficier publiquement de leur vision et leur connaissance sur le tourisme à Mayumba (être informé d'autres espèces, sites touristiques, etc.).Cette conférence nous a permis de présenter l'ébauche du circuit touristique de base qui est à découvrir dans la le déroulement du FESTOURGA. Il est à préciser que nous étions le conférencier principal.

Le Parc National Marin de Mayumba y avait aussi pris part. Les responsables du Parc, en tête desquels, Madame Solange NGUESSONO, Conservatrice, avaient aussi saisi l'occasion pour communiquer pour la première fois avec les populations au sujet de la cogestion de cette entité. Ce fut aussi une occasion pour la Mairie de mieux éclairer les populations quant à ses prérogatives, les forces et les faiblesses de la Mairie de Mayumba. Quelques autorités locales à savoir le Député du premier siège, l'Honorable NZENGUI MIHINDOU et l'artiste nationale Nanette qui y était de passage, avaient répondu présents.

- **Bilan du stage et résultats obtenus**

✓ **Résultats obtenus en termes de potentialités touristiques et organisation sociale**

Ce stage nous a permis d'apprendre le fonctionnement d'une administration locale en l'absence d'outils de travail moderne. Par ailleurs, il nous a permis de nous renseigner sur l'organisation du secteur tourisme à Mayumba et le genre de touristes susceptibles d'être intéressés par notre évènement touristique en plus du circuit touristique de base. *Notons qu'il ressort que la Mairie de Mayumba peut s'impliquer dans l'économique touristique locale.*

Tableau illustratif du questionnaire sur le potentiel touristique de Mayumba et fréquentation (sur un échantillon de 20 personnes interrogées)

Questions Cible	Venez-vous à Mayumba uniquement pour la plage ?	Connaissez-vous d'autres attraits touristiques que la plage à Mayumba ? Si oui, lequel ou lesquels sont ?	Voulez-vous qu'on développe l'Industrie du tourisme durable à Mayumba ou pas ? Si oui, comment à votre avis ? et pourquoi ?
Touristes			

étrangers			
Etudiants de Mayumba touristes			
Etudiants touristes non autochtones			

Tableau illustratifs des Résultats de terrain (sur un échantillon de 20 personnes interrogées)

Réponses / Cible	Venez-vous à Mayumba Uniquement pour la plage ?	Connaissez-vous d'autres attraits touristiques que la plage à Mayumba ? Si oui, lequel ou lesquels sont ?	Voulez-vous qu'on développe l'Industrie du tourisme durable à Mayumba ou pas ? Si oui, comment à votre avis ? et pourquoi ?
Touristes étrangers 3 touristes interrogés : Deux hommes et une jeune femme	Oui (1)	Oui, il y'a par exemple les tortues luths et les baleines à bosse	Oui, parce qu'il faut préserver ce patrimoine pour que les générations futures puissent aussi en bénéficier. Par exemple, pour la plage, la Mairie peut créer un service de nettoyage
	Non (2)	Oui, il y'a par exemple les tortues luths, les baleines à bosse et du bon et gros poisson pour la pêche sportive	Oui, parce qu'il faut préserver ce patrimoine pour que les générations futures puissent aussi en bénéficier. Par exemple, pour la plage, la Mairie peut créer un groupe de 5 nageurs qui veilleraient sur les baigneurs le weekend car les plages sont désertes.
Etudiants originaires de Mayumba touristes 10 touristes interrogés : Sept jeunes hommes et trois jeunes femmes	Non (tous)	Oui, il y'a par exemple les tortues luths, les baleines à bosse, nos familles, les activités des grandes vacances, la maison du Gouverneur de l'AEF, les Cimetières des esclavagistes, etc.	Oui, parce qu'il faut Tout faire pour diversifier notre économie. Et les populations grâce à ce secteur pourront aussi en bénéficier par l'artisanat. Par exemple, la Mairie peut réunir en association communautaire tous ceux qui font des nattes et autres produits touristiques et les encadrer
Etudiants touristes non autochtones 7 touristes interrogés : Sept jeunes hommes	Non (tous)	Oui, il y'a par exemple le parc national de Mayumba et les activités sportives de vacances : Limbani, Coupe Jules et le Basketball qui nous permettent de se faire un peu d'argent pendant les grandes vacances car on ne vit du sport à Libreville	Oui, par exemple, on peut exploiter la lagune et la plage pour créer d'autres disciplines sportives et même créer une école de formation professionnelle aux métiers de sports nautiques. Et des compétitions nationales pourront se passer ici. Cela permettra de mieux valoriser la plage et le parc national de Mayumba.

✓ Commentaires des résultats

Ces résultats nous montrent que les personnes qui visitent Mayumba semblent y aller en qualité de touristes. Ce sont des jeunes en majorité en provenance principalement de Libreville. Et qu'elles y sont allées plus d'une fois. Ces personnes y vont pour diverses raisons touristiques, pour le loisir surtout.

L'un des trois touristes étrangers pense par exemple qu'il faut préserver le patrimoine touristique de ladite localité, pour que les générations futures puissent aussi en bénéficier. Par exemple, pour la plage, ils pensent que la Mairie peut créer un service de nettoyage des plages ; une façon de les maintenir propres, mais aussi de créer de l'emploi. Les deux autres pensent que la Mairie peut créer un groupe de 5 nageurs qui veilleraient sur les baigneurs le weekend car les plages sont désertes. Ensuite, quant aux 10 touristes étudiants originaires de Mayumba, tous reconnaissent qu'il y'a d'autres attraits touristiques que la plage. Par exemple qu'il y a les tortues luths, les baleines à bosse, nos familles, les activités des grandes vacances, l'ex-maison du Gouverneur de l'AEF[22], les Cimetières des esclavagistes, etc.

A cet effet, ils pensent qu'il faudrait tout faire pour diversifier notre économie. Et les populations grâce à ce secteur pourraient aussi en bénéficier par l'artisanat. Par exemple, la Mairie peut réunir en association communautaire tous ceux qui font des nattes et autres produits touristiques et les encadrer pour le bien être des touristes et de l'auto emploi des populations.

Enfin, les 7 touristes étudiants non autochtones admettent qu'il n'y a pas que la plage comme attrait touristique à Mayumba. Il y'a par exemple le parc national de Mayumba et les activités sportives de vacances : Limbani, Coupe Jules NGOMA et le Basketball etre autres. Ces activités de loisirs leur permettent de se faire un peu d'argent pendant les grandes vacances car ils sont pour la plupart des professionnels du sport à Libreville.

A cet effet, ils pensent que les autorités locales ou nationales peuvent par exemple exploiter la lagune et la plage pour créer d'autres disciplines sportives et même créer une école de formation professionnelle aux métiers de sports nautiques.

Ainsi, des compétitions nationales pourraient y être organisées. Cela permettra de mieux valoriser la plage et le parc national de Mayumba.

En termes de bilan, nous avons pu relever des aspects positifs et des aspects négatifs au cours de ce stage académique, à savoir :

✓ Aspects positifs

Grâce à ce stage l'occasion nous a été offerte pour servir durablement Mayumba. Pour paraphraser John Fitzgerald Kennedy : « *ne vous demandez pas ce que Mayumba fait pour vous, par contre, demandez-vous ce que vous faites pour Mayumba* ».

Nous avons fait un état des lieux des infrastructures et du patrimoine touristique de Mayumba. Par ailleurs, nous avons pu établir une base de données touristique sur les attraits touristiques de cette ville. Nous avons, également, pu monter un circuit touristique de base sur lequel chacun peut s'inspirer pour en faire d'autres. S'agissant toujours des aspects positifs, nous avons eu l'honneur de collaborer avec des partenaires touristiques locaux, notamment le WCS-MAYUMBA, le Parc national de Mayumba, la Mairie, tous de potentiels employeurs du secteur tourisme.

Quant aux populations de Mayumba, elles semblent montrer un grand intérêt pour le développement du tourisme communautaire dans la localité, mais craignent la destruction de leur patrimoine touristique et surtout les plages par l'afflux des touristes. Nous sommes enfin satisfaits que le stage se fût déroulé sans heurt. Il nous eut donc appris à travailler en collaboration.

✓ **Aspects négatifs**

Le premier aspect négatif que nous pouvons signaler est que, faute de temps et de moyens financiers et roulants (véhicule), nous n'avions pas pu accéder à tous les sites touristiques et à certaines personnes ressources (dans les villages périphériques) détentrices d'informations utiles et peut-être même des sites ou vestiges touristiques intéressants (du parc national de Mayumba).

Par ailleurs, quoiqu'ayant sollicité les responsables du parc national de Mayumba un peu plus tôt (7 mois avant le démarrage de notre stage), nous n'avions pas eu accès au Parc de Mayumba, faute d'accord de la part de la Direction de l'ANPN[23] à Libreville; peut-être à cause de la lenteur administrative.

Aussi, bien qu'ayant pu obtenir la carte de la commune, (soit **2340 hectares environ),** nous n'avons pas pu accéder aux limites de la commune afin de mieux nous imprégner de la réalité (délimitations et patrimoine historique, naturel, etc.). Ainsi, contre toute attente dans un secteur aussi sensible, les acteurs locaux du tourisme qui ont la gestion des services d'hébergement, de restauration et de loisirs auraient besoin d'un renforcement de capacité pour mieux s'impliquer dans le développement de ce secteur. La commune de Mayumba n'a pas de carte touristique (peut-être le Gabon tout entier) qui nous permettrait de localiser les sites touristiques et les acteurs, pas de brochures propres à la mairie. Enfin, plusieurs acteurs locaux de ce secteur n'ont pas rendu leurs questionnaires, n'ont pas fait de propositions pour mieux promouvoir le secteur. Ils n'ont pas pris part à la conférence. **Ce qui semble être un boycottage de notre modeste vision de développement du tourisme communautaire à Mayumba.**

Au terme de ce stage et surtout à en croire aux réponses du questionnaire, nous pensons que les potentiels touristes qui pourraient être intéressés par cet évènement (le circuit touristique de base surtout), sont de toutes les catégories (en particulier les jeunes scolarisés et les touristes résidents au Gabon). Ils consommeraient ce circuit touristique en voyage touristique organisé. Ceci, parce que les activités qui y sont proposées intègre l'organisation de camps de vacances qui est une activité purement touristique. A cet effet, les élèves et les étudiants n'ayant pas encore de moyens propres, pourraient s'organiser en club de vacances et solliciter qu'un partenaire (une autre ONG par exemple) le leur offre.

✓ **Critiques du lieu de stage**

Bien que notre stage se fût bien déroulé dans l'ensemble, nous pouvons toutefois émettre quelques critiques au sujet de notre lieu de stage académique, à savoir :

- manque de locaux (espace de travail) pour les agents, ce qui conduit à des « absentéismes justifiés »,
- manque d'équipement adéquat de travail,
- budget très moyen, voire insuffisant pour mener à bien certains projets,
- manque de personnel qualifié dans certains secteurs (environnement, tourisme, etc.),
- absence d'une politique de valorisation touristique de la ville ;
- peu sinon pas d'implication de la Mairie dans le développement du Tourisme communautaire.

VI
Ma vision sur le fonctionnement moderne
de la Mairie de Mayumba au bénéfice du Tourisme

Lorsque le moment viendra d'intégrer le volet Tourisme dans

le fonctionnement de la Mairie de Mayumba, nous pourrions proposer ce qui suit à qui de droit :

Feuille de route de valorisation touristique de Mayumba par la Mairie :

Domaines	Propositions
Développement de Mayumba à partir de l'économique touristique	
CADRE DE VIE/SOCIETE ET TOURISME Politique incitative pour Découvrir Mayumba :	-Promouvoir les villages périphériques (Tchitala, etc.) -Répertorier les chambres d'hôtes disponibles -Réorganiser le transport urbain (5 taxis et 1 taxi-bus) -créer une association ou PME pour nettoyage de la ville - Mettre un accent sur les questions environnementaux -Bureau pour l'urbanisme et la délivrance de titres fonciers - Créer un comité de réflexion en charge du développement
PETITE ENFANCE ET TOURISME	valoriser la Halte-garderie -créer un fichier d'adresses utiles (baby sitters, nageurs, etc.)
CULTURE ET TOURISME	-Monter un programme annuel d'évènements culturels -créer une bibliothèque municipale moderne - Centre multimédia (Radio et télé Banio) -Art (créer un studio de Cinéma et de musique local) - Centre d'alphabétisation pour adultes - créer un écomusée, et un zoo illustrant les espèces Cafétérias et pâtisseries
ECONOMIE ET TOURISME	-Entreprises publiques et privées • -Actions des entreprises en faveur des Communautés (responsabilité sociale) -promouvoir le Loisir dans le parc de

	Mayumba -Contrôler l'action des commu- nautés étrangères et des populations autochtones -Encourager les PME du secteur tourisme -Espaces de jeux, de loisirs et boîtes de nuits -Répertorier les sites touristiques et leurs questions environnementales -Cafétérias, pizzerias et pâtisseries -Hébergement, restauration et transport
EDUCATION ET TOURISME	• -L'histoire ancienne de Mayumba • -Mayumba des temps modernes • -Établissements • -École de sports • - l'Académie de police • -Restauration scolaire • -Tourisme et environnement • -Santé à l'école • -Aides financières (Fond national d'aide) • -Le lycée Jean Baptiste Moanda • -Adresses utiles et autres services • -Cours et soutien scolaire chez les particuliers • -l'éducation en langue anglaise
SPORT ET TOURISME	• -Lancer la pratique des sports nautiques • - Installations sportives • -Clubs sportifs et autres associations • Championnats dans l'année
ACTIVITES DES POPULA-TIONS ET TOURISME	- Promouvoir l'Artisanat, - Promouvoir l'Art culinaire local et - Aider chaque association à être dynamique.
La dénomination des rues et routes en fonction de l'histoire de la ville	Ex : la route de l'indépendance est la première et principale route de Mayumba allant du quartier « Office » à

	l'aéroport. En effet, ceci permettrait de conserver l'histoire de la ville.
La culture locale doit être mieux valorisée (expliquer et à interpréter) par des guides touristiques.	En effet, ceci permettrait de conserver l'histoire de la ville.
Plusieurs sites touristiques doivent être découverts et aménagés.	En effet, une ville touristique ne saurait se promouvoir uniquement à partir d'un seul circuit. Ex : la visite du parc national marin de Mayumba uniquement, peut être un circuit touristique.
Besoin de construire un hôtel de ville.	Visiter la bâtisse de l'hôtel de ville est en général le premier réflexe des touristes, surtout des touristes étranger car, ailleurs les questions touristiques sont du ressort de la municipalité ou des collectivités locales. Monsieur le Maire pourrait y implanter l'écomusée aussi.
Besoin de plus de fonctionnaires (spécialisés dans ce secteur) ou surtout d'un conseiller municipal en charge des questions environnementales, touristiques et de la mer à la Mairie de Mayumba.	En effet, une Direction touristique pourrait y être créée à l'instar de celle de Tchibanga. Mayumba étant une ville principalement touristique, il faut un responsable qui planifie l'activité touristique. Il pourrait de temps à autre créer des rencontres d'échange à ce sujet avec les autres acteurs privés impliqués.
Réaménager la voirie et le transport urbain.	Actuellement, trop d'herbes jonchent les abords des rues. Par ailleurs, avec quelques 5 taxis et un taxi bus par exemple Mayumba ressemblerait plus à une ville. Quoiqu'étant une petite ville jusqu'à présent, avec le pont sur la lagune Banio, la commune va s'agrandir et l'activité touristique aura plus d'offre. Par ailleurs, il serait judicieux de mettre en place des mécanismes pour lutter contre l'érosion marine qui menace les plages et la ville. Notre stage s'était achevé après l'organisation de la conférence et la signature de la convention de stage. Notre encadreur nous avait ensuite attribué une note de stage. La première partie de notre travail nous a donné l'occasion de faire une

	visite guidée de la villa de Mayumba pour un état des lieux d'abord. Elle nous a ensuite permis de faire une description de notre structure d'accueil, du déroulement de notre stage et des résultats obtenus. Cependant, comme il a été question d'y effectuer un stage pratique, l'objet du travail allait plus dans le sens de faire une collecte de données de terrain dans le but de monter notre circuit touristique de base que nous vous invitons à découvrir dans la deuxième partie.
Communication de la Mairie	**MAIRIE:(www.tourisme-mayumba/mairie.ga)** -Horaires et contacts -Conseiller municipal en charge du tourisme durable -Conseils consultatifs de quartier -Conseil des sages -Conseil consultatif de la jeunesse -Bureau des élections -Bureau pour la coopération nationale et internationale - Bureau pour le recrutement et les stages -Bureau des marchés publics et pour la gestion PME -Multiplier les partenaires -Bureau de la statistique

En **conclusion,** cette deuxième partie intitulée « Ma première expérience professionnelle de recherche scientifique à Mayumba » vous a permis de connaitre la ville de Mayumba, son organisation touristique, sa mairie et son fonctionnement. Elle vous a aussi édifié sur le stage que j'avais dû y effectuer pour écrire cet ouvrage de promotion touristique de ladite ville.

Mayumba est une ville à découvrir absolument, mais, en groupe surtout ! À défaut d'investir dans la Publicité qui coûte cher pour faire la promotion tout azimut de Mayumba, nous proposons un évènement touristique annuel qui rassurera d'avantage les touristes (scolarisés ou pas) au sujet de ce qu'ils iraient découvrir et toutes les prestations qui rentre en compte. Nous pensons, qu'il est plus réaliste de promouvoir une offre touristique en faisant consommer directement le produit par un voyage organisé au lieu de s'arrêter à la simple publicité sur les médias traditionnels ou modernes. Ainsi, ces touristes, eux aussi, pourraient relayer l'information de bouche à oreilles et en devenir des fidèles ambassadeurs touristiques de la destination; c'est la plus ancienne et plus efficace stratégie de Marketing (traditionnel).

En termes de **résultats**, ce stage nous avait permis d'apprendre le fonctionnement d'une administration locale en l'absence d'outils de travail moderne. Par ailleurs, de nous renseigner sur l'organisation du secteur tourisme à Mayumba, les sites touristiques existants, les acteurs qui sont impliqués directement ou indirectement pour l'essor de ce secteur et le genre de touristes susceptibles d'être rencontrés : des touristes étrangers, des étudiants originaires de Mayumba qui y vont pour visiter leurs familles, des gabonais non autochtones qui y vont soit pour découvrir les espèces et les plages, dans un cadre de loisirs ; mais aussi, des chercheurs qui y vont pour faire de la recherche au parc national de Mayumba.

En effet, le pic de l'activité touristique est, comme dans tout le Gabon en général pendant la saison sèche (grandes vacances). Toutefois, de décembre à mars, quelques touristes y vont pour observer la ponte des tortues.

Cependant, ce secteur à Mayumba souffre de plusieurs faiblesses : la commune de Mayumba n'a pas de carte touristique qui nous permettrait de localiser les sites touristiques et les acteurs impliqués ; pas de brochures propre à la mairie.

Retenons que cet ouvrage est une feuille de route concernant l'implication des collectivités locales dans le développement du secteur touristique au niveau rural. C'est un ouvrage qui devrait pouvoir aider la mairie de Mayumba par exemple à s'impliquer dans l'organisation du festival de tourisme du Gabon, entre autres évènements de promotion touristique de la destination. Bien qu'il puisse bénéficier principalement à cette institution et aux acteurs touristiques locaux, cet ouvrage est aussi fort utile aux étudiants de GTHE[24].

TROISIEME PARTIE

Organisation du Festival de Tourisme du Gabon (2015-2016) et Le Programme de valorisation du Tourisme social et solidaire au Gabon (2017-2021)

☐

VII

Présentation du Festival de Tourisme du Gabon (août 2015-2017)

Aspects techniques

Le **Festival de Tourisme du Gabon** en abrégé **FESTOURGA** est l'un des sept (7) projets de Promotion touristique de la destination Mayumba contenus dans le Programme PROVAL-TOURS[25]. Le Porteur du Programme dénommé « **PROVAL-TOURS**» est **l'ONG ENGLISH FOR TOURISM IN GABON (ONG ETG)**[26]. L'ONG ETG, a été créée à Libreville au Gabon le 11/11/2012, elle a pour principaux objectifs, la promotion et protection du Patrimoine touristique et culturel au Gabon.

Son existence a été motivée par la décision du Chef de l'État, Monsieur Ali BONGO ONDIMBA de faire du Gabon un pays bilingue, avec l'usage de l'Anglais comme seconde langue administrative du Gabon. Une décision rendue publique en début octobre 2012 par l'ancien porte-parole de la Présidence de la République Gabonaise, Monsieur Alain Claude BILI-BI-NZE. Mais aussi, par le constat fait que la langue anglaise est actuellement la langue par excellence du Tourisme et de la promotion culturelle au niveau mondial et du fait que le Gabon est une destination touristique à valoriser à tout prix. Originaire de Mayumba, son Président Fondateur en a fait de Mayumba la zone pilote de l'institution. **L'ONG ETG** a déjà pris une part active et organisée plusieurs évènements allant dans le sens de ses prérogatives. Ces réalisations constituent le ¾ de son calendrier touristique au Gabon.

Tableau 1 : Quelques réalisations de l'ONG ETG (Tourisme et culture)

Réalisation dans le Tourisme		Réalisation dans la culture (Anglais)	
Projets	Date	Projets	Dates
Participation à une excursion internationale organisée par un Tour Opérateur béninois[27]	Mars 2013		
Organisation du Festival de Tourisme scolaire et universitaire	29 Janvier 2015 (IHEM)	Institut d'Anglais-Immeuble MCD	Juin 2013-Janvier 2016
Organisation du Festival	Mars 2015 (IAEC)	Publication d'un	Juillet 2013

de Tourisme scolaire et universitaire		livre aux USA	
Organisation du Festival de Tourisme du Gabon (FESTOURGA)	Août 2015 (IAEC)	Tournée nationale des Clubs d'Anglais	Mai –juin 2014
Organisation de la St. Valentin touristique	Février 2016	Conférence au Lycée de Mayumba	Février 2016
L'Arbre de noël touristique	Jamais organisé		
Mise en place d'un Laboratoire de recher-che en Tourisme	Jamais réalisé		

Résumé du FESTOURGA (2015-2016)

Le FESTOURGA a été pensé pour promouvoir la destination Gabon en général et en particulier Mayumba dans le cadre de la promotion du tourisme social et solidaire. En termes de perspectives (si la vente de cet ouvrage nous le permet) il sera question d'utilisé 2/3 des entrées pour la réalisation du FESTOUGA août 2016. Le FESTOURGA vise:

- *La promotion des sites touristiques de Mayumba ;*
- *Faire une cartographie réactualisée;*
- *Réduction du chômage dans le secteur touristique par la fidélité des clients;*
- *Création d'un marché touristique interne et externe par l'évènementiel touristique et par la multiplication d'animations scientifiques en faveur de Mayumba, etc.*

Contexte et justification

• Stratégie de développement

La problématique de la rentabilité du secteur Tourisme dans les PIB des pays en voie de développement ne se pose pas qu'au Gabon. Ainsi, notre ONG a pris la peine de mener une réflexion sur les faiblesses du secteur tourisme (durable) classées selon qu'il suit :

- *Le manque de prise de conscience de l'existence de cette forme de tourisme ;*
- *Le manque de promotion de la destination Gabon (méconnaissance de la destination);*
- *Le manque des voyages sociaux de groupes (adultes et/ou étudiants et élèves) ;*
- *Le manque d'une SNDT[28] ou d'un code de Tourisme (pensé par tous les acteurs) ;*
- *Le manque d'aménagement touristique et d'une législation claire pour cela;*
- *Le manque de financement pour booster ce tourisme et les faibles promoteurs;*
- *Le manque de subvention en faveur des acteurs de la société civile du secteur ;*
- *Le manque de rencontres régulières des acteurs publics et privés du secteur autour d'évènements conjointement organisés pour former un bloc de promoteurs et d'échange d'expérience et d'expertise.*

Ainsi, c'est en publiant cet ouvrage que nous tenterons d'apporter une piste de solution à ce mal observé afin d'essayer de répondre à chaque souci posé supra. Si nous parvenons à tirer profit des ventes de cet ouvrage, entre autres sources de revenus, notre ONG pourrait devenir **la Fondation Fouty Be Mouleka pour le tourisme social et solidaire (FBMTS).** C'est une vision stratégique!

Situation de référence

Sans aucun risque de se tromper la 1ere destination touristique actuelle au monde (la France) se serait forgé sa réputation à partir de 1935 par le biais des voyages touristiques sociaux de groupe car il fallait formater la jeunesse à la culture du voyage et à l'amour de leur pays. Pourtant, la France ne serait pas touristiquement aussi riche que le Gabon (avec ses 13 parcs nationaux, sa faune et sa flore, ses belles plages, ses populations accueillantes, etc.) selon notre modeste observation. Aussi, sou-venons –nous du mouvement européen, **« the Grand Tour[29]. »**

Description du FESTOURGA

· **Présentation**

Le Festival de Tourisme du Gabon (FESTOURGA) se veut être la plateforme par excellence de promotion de la destination Gabon en général et Mayumba en particulier pendant la période de grandes vacances. C'est un produit touristique communau-taire inspiré du mouvement des 17ème et 18ème siècles en Eur-ope (The Grand Tour). Ainsi, ce projet d'animation du tourisme local vise les objectifs suivants :

✓ **Objectif global :**

Lutter contre la précarité, le chômage et l'amélioration des conditions de vie des acteurs impliqués dans sa matéri-alisation. L'ONG compte au total 7 autres offres pour tenter de répondre à la problématique de la saisonnalité en Tourisme.

✓ **Objectifs spécifiques :**

- Booster l'économie touristique en zones rurales (le cas de Mayumba) ;
- Valoriser les sites touristiques et les autres acteurs touristiques en milieu rural.

Stratégies d'intervention au niveau local (Mayumba)

Pour amener les populations locales à adhérer à ce projet nous ambitionnons procéder ainsi qu'il suit :

Tableau 2 : Organisation communautaire au niveau local

Projet du programme	Justification	Dates de réalisation
Trouver un siège de réalisation du programme dans les zones à visiter	Réunion ; Gestion du programme et contrôle	2015-2016
Cartographie réactualisée	Établir une base de données	2015-2016

	actualisée avec des vidéos et images	
Promouvoir les sites tour- istiques de Mayumba	Organiser des animations scientifiques à Mayumba au centre-ville ou au Lycée pour présenter autrement Mayumba aux populations locales	2015-2016
	Communiquer massivement autour du Festival à partir d'un spot publicitaire, etc.	2015-2016
Créer un marché touris- tique interne et externe autour du Festival	Tournée inter établisse- ments scolaires et universi- taires de promotion	2015-2016
	Signer des partenariats avec d'autres voyagistes locaux, nationaux et internationaux et promotion de la destin- ation	2015-2016
	Organisation des émissions, reportages, et documen- taires, etc.	2015-2016
Faire intégrer le FES- TOURGA dans les mœurs comme rendez-vous annuel de « Tourisme de masse[30].»	Aux acteurs locaux, nation- aux et internationaux	2015-2021

Les bénéficiaires

Les principaux bénéficiaires de ce projet sont :

- L'Institution promotrice et porteuse du projet et ses membres ;
- Les populations locales et nationales (étudiants au chô- mage, élèves, étudiants et salariés soucieux de découvrir le potentiel touristique dont regorge le Gabon);
- L'État (nous serons un partenaire de plus pour le Ministère du Tourisme) ;

- Les villages qui accueilleront nos voyages sociaux (le cas de Mayumba).

Les Hypothèses

Les facteurs pouvant empêcher la bonne réalisation de ce festival, s'il devrait un jour être financé par des sponsors ou partenaires, sont les suivants :

- *Trouble sociopolitiques (les cas de 2016 et 2017) à cause la période post présidentielles d'août 2016 ;*
- *Facteurs environnementaux et sociaux ne dépendant pas de notre volonté.*

Les potentiels partenaires et acteurs du projet en 2015 et 2016

Partenaires à l'échelle nationale :

- **Les Ministères** se sentant concernés (Éducation, Culture, Tourisme, Intérieur et communication).
- **Les mécènes** (le cas de Monsieur Dieudonné KOUMBA MBOULA) ;
- **Les Entreprises privées** nous ayant déjà soutenu (NESTLE GABON- KANAL7, etc.)

Partenaire à l'échelle internationale :

- Autres ONG (de Tourisme) telle que **l'ONG THE GIANTS CLUB** dirigée par Monsieur Oliver POOL ayant été reçue le 17 juillet 2019 par Monsieur Julien NKOGHE BEKALE, Premier Ministre du Gabon
- Les ambassades des pays étrangers, etc.

État de besoins du FESTOUGA

Activités à mener	Résultats	Périodes
Montage du produit touristique	Assemblage des services, du circuit du festival et des partenaires sur flyers, affiches, etc.	Au moins 6 moins avant
Promotion et vente	Tournée inter grandes	Toute l'année

	écoles, Passage dans les télévision et radios, Affichages des affiches et distribution des Flyers des produits, Vente de 100 places à 100 touristes au moins	
Signature de conventions partenariats	Obtentions des aides des partenaires	Toute l'année
Pré tourisme (prospection)	Au moins 1 mois avant chaque voyage social	Toute l'année
Organisation tombola touristique	1 mois avant chaque voyage (club de tourisme)	Toute l'année
Déroulement du voyage touristique	Départ de Libreville et séjour à Mayumba et/ou dans une autre ville du Gabon	Toute l'année
Achat de vivres	En vue de satisfaire les touristes	Pendant et avant chaque édition
Achat de la logistique des produits	L'ONG se sera dotée de plus de logistique pour son développement interne	Pendant et avant chaque édition
Souscription à une assurance	Pour assurer tous les touristes	Avant chaque produit
Achat d'une caisse pharmaceutique et recrutement de secouristes	Pour les premiers soins en cas d'incident majeur.	Avant chaque produit
Divers	///	///

Étude de faisabilité

- **Faisabilité technique :**

Chaque projet du programme doit avoir un plan d'affaire prêt certes. Mais, le FESTOURGA simplifié que vous découvrirez dans les prochains chapitres est un aperçu du coût de réalisation des autres voyages du programme.

· **Résultats attendus**

Grace à d'autres éditions :

Résultats
L'économie touristique aura évolué au Gabon (Mayumba) avec un calendrier touristique permanent
La destination interne sera moins couteuse aux yeux des touristes à faibles revenus
Le chômage serait réduit dans ce secteur
Un Institut pourrait être créé pour la formation professionnelle en Tourisme en province
Au moins 100 touristes auraient visité Mayumba pendant les grandes vacances et à chaque voyage
Plus de 10.000.000 FCFA d'entrées directes (soit 100.000 FCFA au moins par touristes)
Plus de cohésion sociale et d'amour pour le Gabon car nous devons mieux connaître notre pays.

À la fin de ce programme (d'ici 2021) :

- *la destination Gabon en général et Mayumba en particulier sera connue du plus grand nombre et du public, des touristes nationaux et internationaux, des Tours Opérateurs, des agences de voyages et de tourisme, et des quatre coins des pays émetteurs de tourisme, à savoir, la France, l'Espagne, la Belgique, les États Unis et l'Afrique du sud) ;*
- *Grace au FESTOURGA au moins 700 touristes au minimum auront visité, découvert et consommer la destination Mayumba entre autres pendant le mois d'août ;*

-      *Des aménagements touristiques y auront été réalisés pour satisfaire les touristiques ;*
-     *L'ONG ETG aurait été doté d'une logistique touristique faisant d'elle le premier Tour Opérateur Social du Gabon, doter d'un personnel expérimenté et pourvoyeur d'emploi (**incubateur**[31]) dans le secteur du tourisme ;*
-      *Les acteurs touristiques locaux direct et indirect auront bénéficié d'un marcher touristique pour écouler leur produit artisanaux, culturels, entre autres, etc. ;*
-      *Au moins un village touristique aurait été construit sur la nationale 1 (NKOK).*

Aspects socioéconomiques du FESTOURGA

Tableau estimatif des dépenses (état de besoins) en 2016

Activités à mener	Résultats	Coût FCFA
Montage du produit touristique	Assemblage des services du circuit du festival et des partenaires sur flyers, affiches, etc.	700.000
Promotion et vente	Tournée inter grandes écoles, Passage dans les télévision et radios, Affichages des affiches et distribution des Flyers des produits, Vente de 100 places à 100 touristes au moins	2.000.000
Recherche et signature de conventions partenariats	Obtentions des aides des partenaires (voyages)	2.000.000

Pré tourisme (prospection)	Au moins 1 mois avant chaque voyage social	
Organisation tombola touristique	1 mois avant chaque voyage social	1.000.000
Déroulement du FESTOURGA (transport, restauration, animations)	Départ de Libreville et séjour à Mayumba et/ou dans une autre ville du Gabon	4.000.000
Souscription à une assurance	Pour assurer tous les touristes	400.000
Achat d'une caisse pharmaceutique et recrutement de secouristes	Pour les premiers soins en cas d'incident majeur.	100.000
Hébergement de 60 touristes	7 jrs x 20.000 FCFA x 30 chambres	4.200.000
TOTAL sur 7 ans	/////////////////	**14.400.000 FCFA**

Tableau des recettes sur 1 FESTOURGA (2016)

Champ (référence des dépendes)	Durée : 7 jours (aout 2016) Estimation des entrées financières	TOTAL 1 FCFA	Entrée totale Directe en FCFA
Participation aux évènements touristiques sociaux	60 pax x 250.000 FCFA	15.000.000	Environ **15.420.000**
Ventes des boissons	60pax x 1000 FCFA x 7jrs (21 jours au total)	4.200.000	

Commentaire: Si nous avions organisé le FESTOURGA 2 en 2016, nous aurions pu avoir comme bénéfices financiers direct sur 60 touristes :

15.420.000 FCFA (recette) - 14.400.000 FCFA (dépenses) = bénéfice de <u>1.020.000 FCFA</u>

En conclusion, quoiqu'à but social et solidaire, l'organisation annuel du FESTOURGA à partir 2015 à Mayumba (entre autres villes) vise à valoriser le secteur du tourisme durable au Gabon. Le tourisme social y étant partie intégrante. Pour sa matérialisation en 2016, l'ONG ETG avait recherché au minimum un investissement de **14.400.000 FCFA** qui aurait pu engendrer une recette de **15.420.000 FCFA.**

A bien observer, l'on constate qu'un bénéfice financier de **1.020. 000 FCFA aurait pu être réalisé.** Mais, ce projet est d'envergure social et solidaire et donc il revêt plusieurs avantages socioculturels entre autres:

- Promouvoir le secteur du tourisme au niveau de toutes les couches sociales ;
- Réduire le chômage et la précarité de la main d'œuvre qualifiée en Gestion du tourisme. Une main d'œuvre qui peut aussi développer des offres de ce genre;
- Engendrer des devises dans l'économie touristique du Gabon au niveau des zones rurales par le biais de la culture touristique.

Sur le plan économique, retenons que « *C'est n calcul très fautif que d'évaluer toujours en argent les gains ou les pertes...* » Dixit Jean Jacques Rousseau. Le tourisme social sera bénéfique au Gabon et en particulier aux zones dites d'intérêts touristiques que lorsque les populations gabonaises auront développé une culture du voyage. Nous pensons que voyager est un droit et faire du tourisme un devoir car il nous permet de découvrir d'autres cultures, de les accepter et ainsi donc d'accepter autrui dans sa différence sociale en tentant de nous remettre en cause nous-mêmes.

Le festival de tourisme du Gabon (FESTOURGA) existe depuis 2015. Il est jusqu'à ce jour le seul évènement à caractère populaire qui promeut le tourisme de masse certes, mais un tourisme de masse responsable et dont l'ONG ETG s'en fait la police pour la préservation de notre écosystème.

VII

Déroulement du FESTOURGA de Libreville à Mayumba (aller-retour)

Située à environ 900 km de Libreville, la ville de Mayumba, au regard de ses multiples attraits touristiques, constitue pour le Gabon, la ville du tourisme par excellence à en juger par leur témoignage et leur envie régulière de vouloir y séjourner au moins une fois par an.

En effet, Mayumba dispose de sites lui permettant d'offrir des visites touristiques guidées toute l'année comme nous avions tenté de le démontrer en vous présentant la base de données touristiques de ladite localité.

Compte tenu donc de ses potentialités diverses et variées, nous proposons aux visiteurs ce festival de tourisme qui repose sur un circuit touristique de base praticable entre juillet et septembre, et particulièrement du 18 juillet au 4 septembre, c'est-à-dire pendant la période propice que constituent les grandes vacances au Gabon. Cette période est également la bonne pour observer certaines espèces comme :

- *les baleines à bosse,*
- *les tortues de mer,*

- *les dauphins,*
- *la faune et la flore terrestre, etc.*

Notre circuit touristique de base qui s'était intitulé « **Mayumba tour : grandes vacances de rêve a Mayumba** » dans notre mémoire de Master Professionnel avait finalement eu pour nouveau thème lors de la première édition du FESTOURGA en 2015, « **Touriste prend ton sac et viens découvrir Mayumba.**»

Cette fête du Tourisme avait enregistré 25 personnes (étudiants et parents) non-résidentes lors de cette 1ère édition qu'est le FESTOURGA[32]. Ainsi, à chaque nouvelle édition, correspondra un thème[33] bien précis en fonction de l'objectif recherché par le comité d'organisation.

C'est un évènement touristique annuel qui peut être organisé par un voyagiste national partenaire autre que l'organisation non gouvernementale dénommée ONG ENGLISH FOR TOURISM IN GABON[34]. Nous rappelons que l'objectif principal de cette association est de promouvoir la culture gabonaise par le biais du tourisme social et solidaire, tout en utilisant la langue anglaise comme un atout que doivent avoir les touristes scolarisés par exemple pour y prendre part, dans le cadre d'un voyage organisé offert gratuitement par des mécènes car ces derniers peuvent servir d'interprètes aux touristes non francophones. Cet évènement concerne tout genre de touriste, que l'on soit scolarisé, salarié, ou pas ; touriste national ou international. À ce jour, c'est le premier évènement du tourisme social et solidaire du pays.

En 2015, pour sa phase inaugurale, nous avions privilégié les étudiants de GTHE des Grandes écoles de Libreville à l'instar de l'Institut National des Sciences de Gestion, l'Institut des Hautes Études de Management, ESSAM-IUSD, IAEC, et bien d'autres. Qu'est-ce que ces touristes scolarisés par exemple y ont découvert qui a pu par ailleurs renforcer leurs connaissances intellectuelles et sociales? Quels sont les prestataires qui en ont été bénévolement impliqués et quelles avaient été les conditions annexes du voyage ?

Aussi, osons-nous espérer que ce voyage social de groupe leur restera inoubliable et qui pourrait les y ramener une fois devenus financièrement solvables ! En prenant part aux FES-TOURGA, les touristes ont souvent le choix entre loger chez un particulier, dans un hôtel ou dans la cours d'un particulier en utilisant des tentes pour touristes. Le produit étant un voyage solidaire, l'hébergement, les couverts aussi bien que les repas, loisirs et visites guidées se font en groupe et ils sont majoritairement organisés par des prestataires locaux (service traiteur, particuliers ou dans l'un des hôtels). Ainsi, les populations locales sont directement et bénéficient en amont comme en aval des retombées de cet évènement.

Nous recommandons aux participants (les touristes) que le jour du voyage, chaque participant se munisse au moins, de son assurance voyage (sauf que l'ONG s'en a acquitté pour chacun), de son sac de voyage, sa carte d'identité nationale ou scolaire, sa carte d'embarcation, son certificat de bonne santé datant d'au moins 3 mois, d'un ou deux blousons, en un mot, de son équipement de voyage pour se protéger du froid (à la tombée de la nuit) pendant le voyage. Un voyage qui pourrait des fois durer plus de 15h avant d'arrivée à Mayumba à cause des contrôles intempestifs, des poses pipi sollicités par les uns et les autres, etc.

À Mayumba, la température est relativement fraîche, du mois de juin à septembre. Pour ce qui est de l'aspect sécurité, l'ONG implique souvent les autorités administratives et policières de la localité.

- **Préparatif du Festival de Tourisme du Gabon à Libreville en 2015**

Phase de communication et de promotion du
projet dans les médias, les plages et au sein
des établissements universitaires à Libreville.

- **Déroulement du circuit touristique**

Jour 1 : Départ de Libreville pour Mayumba (en matinée)

Le mardi 04 août 2015, nous quittâmes Libreville le matin de bonne heure (7h30). Le lieu de départ fut l'immeuble MCD de Monsieur Paul BIYOGHE MBA, ancien siège provisoire de l'ONG ETG. Le transport fut assuré par un partenaire, l'agence Sergio Voyage. La route s'annonçait très longue car on fit le constat que le contrat n'allait pas être respecté. Nous eûmes d'ailleurs quelques prises de bec avant le démarrage. L'ONG n'ayant pas ses propres moyens roulant.

Comptant principalement sur le Très Haut pour le bon déroulement de cette première édition du FESTOURGA qui réécrirait l'histoire du développement touristique au Gabon, le Président Fondateur de l'institution,

par ailleurs, Coordinateur Général du projet, Monsieur FOUTY-BOULANGA MOULEKA, délivra un discours de circonstance en présence du média partenaire exclusif de l'évènement, Kanal 7 (M. Arcade MBANAGOYE).

Puis, Monsieur NGANGA NZEMBY Boniface, ancien Secrétaire Général en poste encore, fit une prière de bénédiction et de protection tant nous n'avions aucun document émanant des autorités étatiques en charge du Tourisme ou de l'intérieur qui pourrait nous couvrir juridiquement en cas d'incident majeur. C'était un grand risque que nous prenions d'organiser cet évènement dans ces conditions-là. Mais, nous nous sentions socio professionnellement investis de la mission de lancer officiellement la matérialisation du Tourisme social et solidaire. Un volet touristique qui avait été l'objet de ma réflexion de Master professionnel.

Enfin, le Responsable de la Sécurité, Monsieur MAVOUNGOU Guy Silver, fit un briefing relatif aux normes de sécurités à observer pendant le trajet et surtout lors des éventuelles poses pipi. Parmi les touristes surtout étudiants, bien que le plus jeune en âge n'avait pas moins de 20 ans, certains n'avaient jamais quitté Libreville depuis leur naissance avant ce jour historique de leur vie. Et cela confortait notre besoin d'aider d'œuvrer pour cette forme de tourisme. Nous sentions que notre raison d'exister (l'ONG ETG) en valait la peine.

Puis, l'heure du départ arriva enfin. Durant le trajet, le Président de l'ONG et le Responsable en charge de la sécurité et du Guidage, guidaient les touristes en leur informant des villes et villages jonchant la route ainsi que leur histoire lorsqu'il en avait connaissance car un tel voyage nécessitait le recrutement d'un historien des villes du Gabon entres autres Ntoum, Kango, Lambaréné, Mouila, Fougamou, Ndendé et Tchibanga. Dans cette ambiance bonne enfant, nous tombâmes soudainement sur le premier check point.

✓ **Les check points ayant retardés notre arrivée à Mayumba**

Après le premier check point, s'ensuivirent d'autres sans arrêt jusqu'à l'arrivée comme si ces différents contrôles étaient aussi une composante de notre offre touristique. On put noter au moins 18 contrôles de Libreville à Mayumba à l'aller:

8h25 : Contrôle de Gendarmerie n°1

8h37 : Contrôle à Ntoum n°2

9h04 : Contrôle de Gendarmerie à Kougouleu n°3

9h50 : Contrôle après le 1er pont de Kango n°4

10h58 : Contrôle de police à l'entrée de Bifoun. Entre 11h15 et 11h30 nous passâmes deux barrages ou nous ne fûmes pas contrôlés. Nous pûmes ainsi rattraper un peu de temps. n°5

11h47 : Contrôle de Gendarmerie n°6

12h00 : Arrivée à Lambaréné et pose pipi et pose déjeuné de 45 mn en attendant un touriste en provenance de Port-Gentil (la capitale économique). Monsieur ETHOUGHE Arnold s'embarqua dans le véhicule convoi de Monsieur le Vice-Président. A l'intérieur s'y trouvaient aussi les trois journalistes de la télévision Kanal 7.

12h47 : Départ de Lambaréné.

12h52 : Contrôle de Gendarmerie n°7

13h : Contrôle n°8. Mais les agents nous laissèrent passer sans nul besoin de s'arrêter. Ils avaient peut-être compris que nous étions un groupe de touristes bien qu'ayant la peau noire.

14h50: Contrôle de Gendarmerie n°9

15h07: Contrôle de l'armée de terre avant d'entrer dans la ville de Mouila n°10

15h08: Arrivée à Mouila et Plein de carburant à la station Pétro Gabon.

15h19: Départ de Mouila et contrôle de Police à la sortie de la ville n°11

15h22: Contrôle de l'armée de terre. Ce fut un spectacle presque effrayant pour les jeunes touristes. Les agents nous firent descendre du véhicule et nous marchâmes presque pour une distance d'un kilomètre à pied avant d'embarquer à nouveau dans le véhicule qui nous attendait devant. Nous en profitâmes pour interviewer les touristes au sujet du voyage (N° 12).

16h01 : Contrôle de Gendarmerie n° 13

16h45 : Contrôle de Gendarmerie n° 14

17h09 : On passa un contrôle de Gendarmerie car les agents ne nous avaient pas arrêtés. Nous arrivâmes à Tchibanga à 18h49. On y passa quelques minutes car il nous fallait récupérer la tente du mécène Dieudonné KOUMBA de l'association NGIÉNU pour y aller certains touristes.

21h03 : Contrôle de Gendarmerie au village Loubomo n° 17.

Nous arrivâmes à Mayumba à 22h03 au QG du festival. Nous fûmes chaleureusement accueillis par Madame SOUNGOU NGOMA Anne-Marie, notre chère maman. Le QG était composé d'une grande cours pour y installer des tentes, un bar-restaurant (dénommé la belle bidi chez maman Tytiane). Après s'être bien installés suivi de quelques 40 mn de repos. Un repas de bienvenue à Mayumba fut offert à la délégation touristique. Puis, ce fut la première nuitée à Mayumba.

✓ **Le séjour à Mayumba**

Jour 2 : Mercredi 05 août 2015

✓ *Journée des civilités*

Rencontre avec les autorités administratives locales et les artistes locaux (civilités et mise au point du programme définitif). Organisation de la soirée culturelle de bienvenue au QG du festival à la « maison d'hôte » de Mme SOUNGOU NGOMA Lors de la soirée, on eût la visite inopinée des forces militaires nous sommant de tout arrêter pour nuisance sonore. La soirée continua en mode « capela » et exhortations (prières) de 20h00 à 24h00.

Jour 3 : jeudi 06 août 2015

✓ Suite de la journée des civilités et pêche sportive

Rencontre du commandant de Brigade de Gendarmerie pour civilités et informer sur l'incident qui avait eu lieu dans la nuit lors de la soirée culturelle. Tournage d'un reportage sur Mayumba, journée de dons au centre médical, civilité à Monsieur le Préfet, visite des bâtiments administratifs, pêche sportive, randonnée fluviale inopinée sur la lagune banio, visite de l'aéroport de Mayumba, visite de la plage du Mbidia Koukou et collation collective offerte à tous les touristes par la touriste Mme Astride, originaire de Mayumba. Que son geste fut fort louable. Elle se réjouissait de voir que des touristes nationaux témoignaient de l'intérêt pour sa ville natale qu'elle-même n'avait plus visité depuis près de 15 ans. La soirée avait été réservée à un quartier libre sécurisé et aux jeux de société.

Jour 4 : vendredi 07 août 2015

   ✓   *Journée des monuments historiques*

Visite de la croix de Lorraine (ancien et nouvelle), la mission catholique, le pont sur la banio, le site de détention de Monsieur Cheik Amadou BAMBA, père spirituel des mourides. L'histoire de chaque site touristique visité et la visite guidée fut faite par **Monsieur Délicat Chérubin, ancien Sénateur et Historien.** *Il nous fit découvrir aussi d'autres sites historiques oubliés par le Mayésiens lambda tels que l'hôpital des lépreux, le cimetière chrétien, le cimetière des esclavagistes hollandais et portugais, la maison des premiers missionnaires (datant de 1888) ; tous déjà en ruines.*

Jour 5 : Samedi 08 août 2015

✓ Journée de la conférence-débat.

Deux points avaient été inscrits à l'ordre du jour : Présentation de l'œuvre de l'auteur FOUTY BE MOULEKA sur le Gabon bilingue publié aux USA en 2013 ;

Histoire de la création de Mayumba (conférencier Dr. Délicat Chérubin);

Présentation de l'ONG BCER et son programme environnemental (par la stagiaire de l'ONG Mlle ITOUMBA Granny Darly).

Jour 6 : Dimanche 09 août 2015

✓ *Journée dite de la foi et de la reconnaissance*
(Tourisme religieux) et de sport.

Certains touristes s'étaient rendus à l'église catholique de Bana pour y prendre part à la messe. En après-midi, les touristes s'étaient rendus au stade municipal de la Marine Nationale pour assister au match d'ouverture de la coupe Jules NGOMA opposant l'Atletico de la Playa à la formation sportive. BJ star.

Jour 7 : Lundi 10 août 2015

✓ *Journée de la recherche scientifique pour les stagiaires et journée environnementale*

Rencontre du Dr. ALELA (responsable de l'Association APRHM en charge de la pêche des huîtres) à la Direction de la brigade des pêches, nettoyage des artères de la ville et rencontre avec Monsieur Éric OGOWET, Commandant et Conservateur du Parc National Marin de Mayumba.

Jour 8 : Mardi 11 août 2015

✓ *Visite guidée virtuelle au parc national de Mayumba*

Monsieur Éric OGOWET, *Commandant et Conservateur du Parc National Marin de Mayumba avait fait un exposé au QG du Festival sur la ressource touristique du parc et les conditions d'accès. Puis, il a offert aux touristes une visite au sein du bureau du parc ainsi qu'à prendre des photos au quai. Cela fit une visite guidée virtuelle car le budget ne nous permettait pas de s'y rendre physiquement.*

Jour 9 : Mercredi 12 août 2015

- ✓ Journée Culturelle d'éducation sur l'huître de Mayumba

Ladite journée fut animée par **Dr. ALELA de l'association APRHM.** Elle avait sollicitée la collaboration du service WCS-MAYUMBA qui permit aux touristes de faire une visite guidée sur la lagune banio du quai à l'embouchure. Les touristes avaient pu participer à la délimitation de la zone de pêche des huîtres dans la lagune banio. On rendit aussi visite au patriarche de l'activité entre autres, Monsieur Richard MAKOSSO.

Jour 10 : Jeudi 13 août 2015
- ✓ Journée des plages et du camp de pêche

Découverte officielle de la plage principale de Mayumba (dite chez le Dr. KIANZA). Découverte du camp de pêche, de la fabrication du kai-kai, des tombes des esclavagistes, des 9 maisons, et des ruines de la maison du Gouverneur de l'AEF, Monsieur Félix EBOUE.

Jour 11 : Vendredi 14 août 2015

✓ *Cérémonie culturelle du Beach night Barbecue*

Une cérémonie d'au revoir (fin de grandes vacances) créée en 2004 par un jeune homme dénommé Kooper Be avec ses amis du groupe les Envahisseurs, à savoir, Kooper Be, Joe Perkins, Dream Macklawd, Killer, Zinedine Zidane, Pipen, Thy, Pat Coel, Arnold B, Jeremy et One Force. Cette 4ème édition avait laissé un goût amer à cause de la bagarre qui y avait éclatée par jalousie entre le deux natifs de Mayumba.

Jour 12 : samedi 15 août 2015

✓ *Fin du Beach night (10h30) et quartier libre surveillé.*

Jour 13 : dimanche 16 août 2015

Quartier libre surveillé toute la journée

Actions sociales, virée de détente en boîte de nuit.

Jour 16 : mercredi 19 août 2015

✓ *Journée d'au revoir et soirée d'évaluation*

du produit avec la famille d'accueil

Voyage de retour reporté à 5h00 pour le 20 août 2015. Ce fut donc une journée d'au revoir aux autorités et de rapport à Monsieur le Maire de Mayumba, Monsieur le Préfet, Monsieur DELICAT Chérubin, Monsieur Athanase MOUSSAVOU (du Conseil Départemental). En soirée on eut une réunion de bilan avec la famille d'accueil.

Jour 17 : jeudi 20 août 2015

✓ Fin de la 1ere édition du Festival de Tourisme du Gabon et retour sur Libreville.

Départ 5h00. 7h00 arrêt à Tchibanga et 18h45 arrivée à Libreville au QG de l'ONG ETG à l'immeuble MCD. Une fois à Libreville, quelques jours plus tard, nous avons procédé à une remise des attestations de participation. Puis, l'une des touristes, satisfaite à 80% du bon déroulement de l'évènement organisa un diner de remerciement à l'ONG ETG à son domicile familial. En conclusion, nous pouvons estimer que cette première édition avait été un succès. Nous pouvons estimer les dépenses relatives à l'organisation à **5.000.000 FCFA.**

Jour 14 : lundi 17 août 2015

✓ Défilé et diner de l'indépendance

Défilé et diner de l'indépendance manqué. En soirée, visite du couple bienfaiteur, Monsieur Dieudonné KOUMBA, partenaire de l'évènement. Observation de la retraite au flambeau par les touristes.

Jour 15: mardi 18 août 2015

✓ Journée de nettoyage du QG du festival manqué.

Remise des attestations de participation de retour sur Libreville

Section 4 :

Activités   non-réalisées

(images utiles)

✓   Limbani touristique

Découverte
de la pointe Panga et des villages sur la national 1

Virée au parc national de Mayumba

VIII

Business plan du Programme de Valorisation du Tourisme Social et solidaire au Gabon
août 2019, août 2020 et août 2021 (avec bénéfices économiques)

· **Aspects techniques**

Tableau 1 : Quelques réalisations de l'ONG ETG

Réalisation dans le Tourisme		Réalisation dans la culture (Anglais)	
Projets	Date	Projets	Dates
Prospection des destinations Mayumba et Ndendé	2012-2014		
Festival de Tourisme scolaire et universitaire	29 Janvier 2015 (IHEM)	Institut d'Anglais-Immeuble MCD	Juin 2013-Janvier 2016
Festival de Tourisme scolaire et universitaire	Mars 2015 (IAEC)	Publication d'un livre aux USA	Juillet 2013
Festival de Tourisme du Gabon (FESTOURGA)	Août 2015 (IAEC)	Tournée nationale des Clubs d'Anglais	Mai–juin 2014
St. Valentin touristique	Février 2016	Conférence au Lycée de Mayumba	Février 2016
Prospection des destinations Cap Esterias, Bambouchine et Ntoum	Décembre 2018 Avril 2019	Animation d'un club d'anglais communautaire à la Mairie du 6ème Arr de Libreville	Depuis fin mars 2019

Notre **partenaire clé** pour la promotion touristique de la destination Mayumba est **l'association NGIENU** dont le Président est Monsieur Dieudonné KOUMBA. Les autres sont : l'Ambassade des États-Unis au Gabon, la Mairie du 6ème arrondissement, Victory Events, etc. dans le cadre de la promotion de la langue anglaise (culture) et bientôt nous seront en partenariat avec AISEC GABON.

Résume du programme

Le PRORAMME dénommé « **Programme de Valorisation du Tourisme Communautaire au Gabon** »en abrégé **PROVATOURCOM** a été pensé pour promouvoir la destination Gabon au niveau interne et externe. Dans ce programme il est question de mettre en place plusieurs projets pilotes entre septembre 2017 et septembre 2021, à savoir :

-    Prospection de nouvelles destinations ;
-    Réalisation de documentaires, reportages, etc. des opérateurs touristiques ;
-    Promotion des sites touristiques du Gabon (Internet et média traditionnels, livres) ;
-    Prospection et cartographie de destinations pour les évènements à réactualiser;
-    Réalisation de notre calendrier touristique annuel (club de tourisme communautaire du Gabon) ;
-    Offre de stage aux étudiants de GTHE en quête d'expérience pratique ;
-    Offre d'emplois saisonniers pour palier au besoin de la main d'œuvre dans chaque localité où se tiendront les évènements ;
-    Emploi de 3/5 membres permanents au sein de l'ONG ETG (Président, Secrétaire Général et Chargé à la communication et Marketing).

Ainsi, de manière spécifique voici l'essentiel du programme général et calendrier:

Projet du programme	Dates de réalisation
Prospection de nouvelles destinations ;	Octobre 2017-Octobre 2021
Réalisation de documentaires, reportages, etc. des opérateurs touristiques ;	Au cours de chaque évènement touristique (soit 7 évènements annuels)
Promotion des sites touristiques du	Référencement sur Google et création d'un site inter-

Gabon (Internet et média traditionnels, livres)	net dynamique
	Inondation des réseaux sociaux (Facebook, YouTube, Instagram, Twitter, etc.)
	Publication de 2 livres de Tourisme
Prospection et cartographie de destinations pour les évènements à réactualiser;	Avant ou au cours de chaque évènement touristique (soit 7 évènements annuels)
Réalisation de notre calendrier touristique annuel (club de tourisme communautaire du Gabon)	7 évènements annuels
Offre de stage aux étudiants de GTHE en quête d'expérience pratique	Avant ou au cours de chaque évènement touristique (soit 7 évènements annuels)
Offre d'emplois saisonniers pour palier au besoin de la main d'œuvre dans chaque localité où se tiendront les évènements	Au cours de chaque évènement touristique (soit 7 évènements annuels)
Emploi de 3/5 membres permanents au sein de l'ONG ETG (Président, Secrétaire Général et Chargé à la communication et Marketing	Maintenant (urgent !)

Calendrier spécifique du FESTOURGA en aout 2019, 2020 et 2021

Projet du programme	Dates de réalisation
Prospection de nouvelles destinations ;	Octobre 2017-Octobre 2021
Réalisation de documentaires, reportages, etc. des opérateurs touristiques ;	Au cours de chaque évènement touristique (soit 7 évènements annuels)
Promotion des sites touristiques du Gabon (Internet et média traditionnels, livres)	**Montage support visuel (flyers, prospectus, spot publicitaire et dépôt courriers**

	administratifs).
	Référencement sur google et création d'un site internet dynamique
	Inondation des réseaux sociaux (Facebook, YouTube, Instagram, Twitter, etc.)
	Publication de 2 livres de Tourisme
Prospection et cartographie de destinations pour les évènements à réactualiser;	Avant ou au cours de chaque évènement touristique (soit 7 évènements annuels)
Conception et révision du projet FESTOURGA 2	*Juin 2019*
Dépôt courriers et rencontre B to B ou B to C	*Juin et juillet 2019*
Promotion du FESTOURGA sur Internet et Télés	*Juillet 2019*
Organisation de la 2ème édition du FESTIVAL DE TOURISME DU GABON (FESTOURGA)	*Du 01 août au 30 août 2019 (NB : chaque y passe au moins 1 semaine de séjour pour bénéficier du véhicule retour sur LBV)*
Offre de stage aux étudiants de GTHE en quête d'expérience pratique	*Avant ou au cours de chaque évènement touristique (soit 7 évènements annuels)*
Offre d'emplois saisonniers pour palier au besoin de la main d'œuvre dans chaque localité où se tiendront les évènements	*Au cours du FESTOURGA 2019 (1 mois d'emploi vacances)*
Emploi de 3/5 membres permanents au sein de l'ONG ETG (Président, Secrétaire Général et Chargé à la communication et Marketing	*Maintenant (urgent !)*

Contexte et justification

Stratégie de développement

La problématique de la rentabilité du secteur Tourisme dans les PIB des pays en voie de développement ne se pose pas qu'au Gabon. Ainsi, notre ONG et son partenaire clé **l'Association NGIENU** ont pris la peine de mener une réflexion sur les faiblesses du secteur tourisme (communautaire) classées selon qu'il suit :

- *Le manque de promotion de la destination Gabon (méconnaissance de la destination);*
- *Le manque des voyages sociaux de groupes (adultes et/ou étudiants et élèves) ;*
- *La non-utilisation de la main d'œuvre diplômé des Instituts de Tourisme ;*
- *Le manque d'un code de Tourisme (pensé par tous les acteurs) ;*
- *Le manque d'aménagement touristique (villages vacances, etc.) ;*
- *Le manque de financement aux entrepreneurs pour booster le tourisme ;*
- *Le manque de subvention en faveur des acteurs de la société civile du secteur ;*
- *Le manque de rencontre régulière des acteurs publics et privés du secteur autour d'évènements conjointement organisés pour former un bloc de promoteurs.*

Ainsi, c'est en réalisant notre programme cette année 2019 que nous tenterons d'apporter une piste de solution à ce mal. **Nous voudrions ajouter un évènement de plus au programme touristique de Ministre du Tourisme dénommé PROMO VACANCES 2019 (1ère édition)**

Situation de référence

Sans aucun risque de se tromper la 1ere destination touristique au monde (la France) s'est forgée sa réputation à partir de 1935 par le biais des voyages touristiques sociaux de groupe **(Tourisme communautaire)** car il fallait formater la jeunesse à la culture du voyage et à l'amour de leur pays.

Pourtant, la France n'est pas touristiquement aussi riche que le Gabon. **Ainsi, nous pouvons aussi devenir la 1ère touristique d'Afrique (centrale).**

Le thème de cette deuxième édition est : **Retour aux sources et Tourisme culturel.**

A noter que ce Festival met un accent sur la valorisation du **Tourisme communautaire** qui est «*une forme de **tourisme** qui est gérée directement par des communautés locales, en général basée dans des régions rurales et pauvres comme Mayumba et les villages environnants, et qui permet de faire bénéficier normalement un maximum de retombées financières aux populations locales* ».Les retombées financières que nous aurons nous permettront de faire consommer les produits locaux (restauration locale, hébergement, sécurité, transport secondaire, etc.)

Description du projet

Objectifs – stratégies et résultats attendus :

Ce projet vise les objectifs suivants :

Objectif global :

Promouvoir des destinations touristiques, à savoir, Mayumba et gamba et valoriser la culture villageoise

Objectifs spécifiques :

-   *Mieux promouvoir la destination Gabon (faire connaitre de la destination);*
-   *Participer au programme de vacances du Ministère du Tourisme et de la **FEGAT** (Promo vacances) dont l'ONG ETG est membre ;*
-   *Offrir des stages académique (adultes et/ou étudiants et élèves) ;*
-   *Réduire le chômage en employant 3 membres de l'ONG ETG ;*
-   *Enrichir la littérature touristique gabonaise, etc.*

Stratégies d'intervention

Pour amener les populations locales à adhérer à ce projet nous devons procéder ainsi qu'il suit :

Tableau 2 : calendrier d'activités du FESTIVAL

Projet du programme	Dates de réalisation
Promotion des sites touristiques du	**Montage support visuel (flyers,**

Gabon (Internet et média traditionnels, livres)	**prospectus, spot publicitaire et dépôt courriers administratifs).**
	Référencement sur Google et création d'un site internet dynamique
	Inondation des réseaux sociaux (Facebook, YouTube, Instagram, Twitter, etc.)
	Publication de 2 livres de Tourisme
Prospection et cartographie de destinations pour les évènements à réactualiser;	Avant ou au cours de chaque évènement touristique (soit 7 évènements annuels)
Conception et révision du projet FESTOURGA 2	Juin 2019
Dépôt courriers et rencontre B to B ou B to C	Juin et juillet 2019
Promotion du FESTOURGA sur Internet et Télés	Juillet 2019
Organisation de la 2ème édition du FESTIVAL DE TOURISME DU GABON (FESTOURGA)	Du 01 août au 30 août 2019 (NB : chaque y passe au moins 1 semaine de séjour pour bénéficier du véhicule retour sur LBV)
Emploi de 3/5 membres permanents au sein de l'ONG ETG (Président, Secrétaire Général et Chargé à la communication et Marketing	Maintenant (urgent !)

Les bénéficiaires

Les principaux bénéficiaires de ce projet sont :

- *L'Institution promotrice et porteuse du projet et ses membres (ONG ETG);*
- *L'Association NGIENU ;*
- *Les populations locales (vivant à Mayumba, Gamba, Mayonami, Igotsi, etc.);*
- *L'État (nous sommes un partenaire de plus pour le Ministère du*

Tourisme et la FEGAT) ;

- *Les villages qui accueilleront nos touristes locaux (Mouenda, Ditouba, Vémo, etc.)*

Les Hypothèses

Les facteurs pouvant empêcher la bonne réalisation du FESTOURGA, après avoir été financé, sont les suivants :

- Trouble sociopolitiques;
- Facteurs environnementaux et sociaux ne dépendant pas de notre volonté.

Les partenaires et acteurs du projet

✓ **Partenaires à l'échelle nationale :**
- **Présidence de la République ;**
- **FEGAT :**
- **Les Ministères** se sentant concernés (Culture, Tourisme, Intérieur et communication).

- **Les mécènes ;**
- **Les Entreprises privées** nous ayant déjà soutenu (NESTLE GABON- GABON 24, GABON 1ère, SOBRAGA, etc.)
- IGIS (Institut Gabonais de l'Image et du Son) ;
- Direction provinciale de la culture Nyanga
- Edition NTSAME ;
- GSEZ NKOK
- Hôtels et motels

✓ **Partenaire à l'échelle locale :**
- Conseil Départemental de Mayumba
- Mairie de Mayumba
- Hôtels et motels
- Restaurants
- Maisons d'hôtes
- Particuliers (population locale).

Circuit touristique du FESTOURGA 2019, 2019, 2020 et 2021 (programme du festival)

Jours	Activité à mener	Villes/village	Acteurs
2ème semaine de Juillet	**Prospection et pré organisation du FESTOUGA**	**Mayumba/Gamba (rencontre partenaires)**	**ONG ETG NGIENU**
Jour 1 (1ère nuitée à TGA)	Départ de LBV pour TGA (escale à LRN, MLA, Ndendé)	Tchibanga	FESTOURGA 19 (60 touristes)
Jour 2 (nuitée 1 à Bana) Escale et découverte	Départ : Escale et découverte	Malounga, Loubomo, Ditouba, Vémo, Bilanga, Socoma et arrivée à Bana	FESTOURGA 19 (60 touristes)
Jour 3 Quartier Libre / Repos	Quartier Libre / Repos	Bana (Mayumba)	FESTOURGA 19 (60 touristes)
Jour 4 Installation du village vacance	Installation du village vacance FESTOURGA (tentes, villages artisanal, électricité, etc.)	Bana	FESTOURGA 19 (60 touristes)+ population locale
Jour 5 lancement officiel du FESTOUGA	Exposition produit, lancement officiel du FESTOUGA par les 2 Présidents et le Maire de Mayumba + **Veillée culturelle 1** au village vacances (soirée)	Bana NB : virée coupe Jules NGOMA au stade	Dr. Délicat Chérubin Conteur Artistes modernes Artistes traditionnels (hommage Noli)
Jour 6 Veillée culturelle 2	**Veillée culturelle 2** au village vacances (soirée)	Hommage à Noli (Live/ a capela)	FESTOURGA 19 (60 touristes) + population locale
Jour 7 (nuitée 1 à Gamba)	Départ pour Gamba	Panga-Mougagara- Mayonami- Gamba	FESTOURGA 19 (60 touristes) + **guides et sécurité**
Jour 8 (nuitée 2 à Gamba)	**Civilité aux autorités Tour de ville Veillée culturelle 1**	Gamba	FESTOURGA 19 (60 touristes) + **Mr. Dominique MBINA MANZA**
Jour 9 (nuitée 1 à Igotsi)	Départ (Découverte de la chute d'Igotsi, dégustations et repos)	Igotsi	FESTOURGA 19 (60 touristes) + **guides et sécurité**
Jour 10 (nuitée 1 à Bana et jeux de sociétés, contes, etc.)	Retour sur Bana (Excursion aux villages Mouenda, Mougagara et retour sur Bana **(virée au stade en après-midi)**	Bana (Mayumba) *NB : 1ère vague de retour sur LBV*	FESTOURGA 19 (60 touristes) + **guides et sécurité**
Jour 11 (nuitée 1 à Bana et jeux de sociétés, contes, etc.)	Quartier Libre 2 (Repos) toute la journée et baignade à la plage du Dr. Kianza	Bana	FESTOURGA 19 (60 touristes) + **guides et sécurité**
Jour 12 L'office- cimetières coloniaux et comptoir	**Matin :** découverte de la zone commerciale (l'officie) et observation de l'arrivée des pirogues de pêche et Kai-kai.	Bana-Office Après-midi : virée au stade Soirée : **soirée cinéma** (documentaires et échanges)	FESTOURGA 19 (60 touristes) + **guides et sécurité**
Jour 13 Dons aux populations	**Matin :** visite des chefs de quartiers et dons aux populations vulnérables (hôpital + personnes du 3ème âge)	Bana-Office Après-midi : virée au stade Soirée : **soirée contes, (histoire) création de Mayumba** et échanges communautaires	FESTOURGA 19 (60 touristes) + **guides et sécurité + Dr. Délicat et populations**
Jour 14	**Matin :** randonnée	Bana-Office	FESTOURGA 19

Randonnée fluviale et pêche sportive	fluviale sur la banio à la zone de la pêche d'huîtres (ancien débarcadère, **au quai** et pêche sportive).	Après-midi : virée au stade Soirée : **(histoire : Mayumba et la 2nde guerre)**	(60 touristes) + **guides et sécurité** **+ Dr. Délicat et populations**
Jour 15 août *Stade : coupe Jules*	**Matin :** quartier Libre et baignade à la plage	Bana-Office Après-midi : virée au stade Soirée :**(histoire : Mayumba et l'indépendance)**	FESTOURGA 19 (60 touristes) + **guides et sécurité** **+ Dr. Délicat et populations**
Jour 16 *Préparatifs : coup de main aux autorités locales*	**Matin :** coup de main aux autorités locales pour la mise en place du podium du défilé et quartier libre	Bana-Office Après-midi : virée au stade Soirée : **quartier libre et/ou virée en boîte de nuit**	FESTOURGA 19 (60 touristes) + **guides et sécurité**
Jour 17 août 2019 *défilé du groupe des touristes*	**Matin :** défilé du groupe des touristes (en t-shirts du festival)	Bana-Office Après-midi : virée au stade Soirée : **activités liées au 17 août (invitations, etc.)**	FESTOURGA 19 (60 touristes) + **guides et sécurité**
Jour 18 (Lieu : Bana) *Concours d'art culinaire- exposition ventes*	**Matin :** quartier Libre et baignade à la plage	**Après-midi:** concours d'art culinaire (dégustation mets locaux), expositions ventes des produits artisanaux	FESTOURGA 19 (60 touristes) + **guides et sécurité**
Jour 19 *Miss FESTOURGA 2019.* *Et prestation des artistes*	**Matin :** mise en place terminée **Après-midi:** 1ère édition de l' Organisation de l'élection **Miss FESTOURGA 2019.** **Soirée :** prestation des artistes	Bana (à la plage ou à la place de l'indépendance)	FESTOURGA 19 (60 touristes) + **guides et sécurité**
Jour 20 *Soirée contes* *NB : 2ème vague de retour sur LBV*	**Matin :** quartier Libre et baignade à la plage	**Après-midi:** virée au stade (Coupe Jules NGOMA) **Soirée :** Soirée contes et échanges communautaires	FESTOURGA 19 (60 touristes) + **guides et sécurité + population locale**
Jour 21 *Soirée danses traditionnels* *(bwiti, etc.)*	**Matin :** découverte de la croix de la Lorraine, lieu de pèlerinage Cheik A. Bamba et mission catholique St. Antoine	**Après-midi:** virée au stade (Coupe Jules NGOMA) **Soirée :** Soirée rites traditionnels (bwiti, etc.)	FESTOURGA 19 (60 touristes) + **guides et sécurité + population locale**
Jour 22 **Parc national de Myb**	Excursion au parc national de Mayumba (**1ère vague)**	**Après-midi:** virée au stade **Soirée :** contes, documentaire, films et hommage à Noli 2	FESTOURGA 19 (60 touristes) + **guides et sécurité + population locale**
Jour 23 **Parc national de Myb**	Excursion au parc national de Mayumba (**2ème vague)**	**Après-midi:** virée au stade **Soirée :** contes, documentaire, films et hommage à Noli 2	FESTOURGA 19 (60 touristes) + **guides et sécurité + population locale**
Jour 24 **Parc national de Myb**	Excursion au parc national de Mayumba (**3ème vague)**	**Après-midi:** virée au stade **Soirée :** contes, documentaire, films et hommage à Noli 2	FESTOURGA 19 (60 touristes) + **guides et sécurité + population locale**
Jour 25 **Parc national de Myb**	Excursion au parc national de Mayumba (**4ème vague)**	**Après-midi:** virée au stade **Soirée :** contes, documentaire, films et hommage à Noli 2	FESTOURGA 19 (60 touristes) + **guides et sécurité + population locale**
Jour 26 **Parc national de Myb**	Excursion au parc national de Mayumba (**5ème**	**Après-midi:** virée au stade **Soirée :** contes, documen-	FESTOURGA 19 (60 touristes) +

	vague)	taire, films et hommage à Noli 2	guides et sécurité + population locale
Jour 27 **Parc national de Myb**	Excursion au parc national de Mayumba (6ème vague)	**Après-midi:** virée au stade **Soirée :** contes, documentaire, films et hommage à Noli 2	FESTOURGA 19 (60 touristes) + **guides et sécurité + population locale**
Jour 28 **Journée littéraire** (séance dédicace et échanges littéraires)	Journée littéraire (présentation des livres des écrivains de Myb) par eux-mêmes ou conférencier	Matin : exposition livres **(salle de réunion-Mairie)** Après-midi : quartier libre	FESTOURGA 19 (60 touristes) + **guides et sécurité + les écrivains**
Jour 29 **Journée d'au revoir** et d'achat du poisson, etc.	Mise en place : Quartier libre Après-midi : quartier libre **Soirée :** Beach night barbecue	Bana –plage (soirée de fin) **(discours de fin du festival)**	FESTOURGA 19 (60 touristes) + **guides et sécurité**
Jour 30 **Retour sur LBV**	*Départ en masse : retour sur LBV (dernière vague)*	Fin du FESTOURGA 2019	FESTOURGA 19 (60 ouristes)

Étude de faisabilité

- **Faisabilité technique :**

  · En partenariat avec l'association NGIENU, l'ONG ETG en est l'organe technique qui s'occupe de la rédaction du projet, du consulting et de son adaptation sur le terrain. Nous veillerons à la satisfaction 99% de la clientèle qui nous fera confiance.

Résultats attendus

Pour la deuxième édition :

Résultats
60 touristes nationaux auront découverts Mayumba, Gamba et autres villages voisins
Nous aurons des supports (images, vidéos) pour faire la publicité et la promotion du tourisme communautaire
Le chômage serait réduit en offrant 3 emplois directs à 3 membres de l'ONG
Des stagiaires auront bénéficié des stages académiques
La population locale aura bénéficié d'un impact économique pendant 30 jours
Mayumba et Gamba seront très animés pendant cette période contrairement à d'autres périodes de vacances.

NB : utilisation de l'équipement à la fin de ce projet

Les destinations Mayumba et Gamba seront connues du plus grand nombre et du public, des touristes nationaux et internationaux, des Tours Opérateurs, des agences de voyages et de tourisme. Aussi notons que les 2 institutions auront bénéficiées d'une logistique. L'association NGIENU bénéficiera d'une logistique visuel (caméras, micro, etc. pour son département communication). L'ONG ETG bénéficiera d'une logistique touristique (tentes mobiles et sono) pour les prochains évènements, entre autres. Enfin, nous rédigerons un rapport d'activités et de finance que nous transmettrons à chaque partenaire et au Ministère du Tourisme.

- **Aspects financiers**

État de besoins

✓ Logistique

Activités	Justification	Quantité	Coûts FCFA
COMMUNICATION/ MARKETING	Impression/Dépôt **lettres**	10	50.000
	Montage/Diffusion **spot**	1 spot et 2 Télés	500.000
	Passage télés et radios	4 à la radio et 8 à la télé	480.000
Promotion des sites touristiques du Gabon (Internet et média traditionnels, livres)	Publicité sur Internet	1 site web + 4 réseaux	250.000
	Matériel de communication pour réalisation documentaires, reportages, etc. **(NGIENU)**		2.723.000
	Publication de 2 livres de Tourisme sur Mayumba pour la lecture des touristes sur les sites	2	2.000.000
Prospection et cartographie avant le Festival (Myb/Gamba)	Pré tourisme (2ᵉᵐᵉ semaine de juillet 2019)	1 voyage (séjour de 3 jours) pour 4 jours avec 1 reporter et 1 caméraman	760.000
Conception et révision du projet FESTOURGA	Rédaction Business Plan	1	200.000
Organisation du FESTOURGA 2019	Achat minibus de transport	1 (propriété ONG ETG)	12.000.000
	Location minibus de transport	1 (pour 31 jours)	2.000.000
	location bus coaster de transport	1 (aller-retour)	2.000.000
	Achat sono complète	1 (propriété ONG ETG)	2.000.000
	Logistique du village vacances	propriété ETG/ NGUIENU	2.000.000
	Budget animations culturelles	5 artistes + 3 groupes	2.000.000
	Budget pour hébergement	20 chambres à louer	6.000.000
	Budget santé et assurance	Pour 60 personnes	3.000.000
	Budget main d'œuvre		1500.000

	festival		
	Imprévus	**///**	**500.000**
Budget total prévisionnel			**39.963.000**

Main d'œuvre

Activité	Quantité
Restauration et nettoyage	6 personnes
Sécurité (agents de la marine nationale)	3
Transport (2 chauffeurs)	2
Guides	2
Historien et écrivains	5
Animation culturelle	5 artistes locaux + 3 groupes
Total	**30 personnes impliquées**

Bénéfices socio-économiques

✓ **Tableau du chiffre d'affaire du FESTOURGA**

Cibles	Droit de participation en FCFA	Quantité pax	Recette du FESTOURGA	Total de la recette annuelle (x6)
Cadres expatriés	450.000	20	9.000.000	
Cadres Gabonais	300.000	20	6.000.000	**x 6 évènements touristiques**
Touristes dans les hôtels	500.000	10	5.000.000	
Étudiants et chômeurs	100.000	7	700.000	
Stagiaires de l'ONG	50.000	3	150.000	
TOTAL		**60**	**20.850.000**	**125.100.000**

NB : l'on peut adhérer au club de Tourisme communautaire du Gabon pour bénéficier de plus de flexibilité sur toute l'année d'activité. Par ailleurs, nos offres sont des packages touristiques.

Calendrier des évènements touristiques de l'ONG ETG

N°	Évènements	Période de l'année	Justification
1	**FESTOURGA**	Août	Tout le monde
2	**JMTP**	Fin septembre	Tout le monde
3	**ANT**	Fin décembre	Parents et enfants
4	**St. VALTOUR**	Mi-février	Amoureux et amitié
5	**FESTOURSCU**	Entre mars et mai	Étudiants et élèves
6	**JTOUR**	À la demande du client	Anniversaire, mariage, etc.
7	**Weekend Tour**	**1/2 week-end par mois**	Tout le monde

Ce projet revêt un caractère républicain et communautaire en ce qu'il permettra que les gabonais de différentes ethnies séjournent ensemble. Quoiqu'à but social, le présent programme qui vise à valoriser le secteur du tourisme communautaire au Gabon est basé principalement sur :

- l'organisation des voyages sociaux (7) par année en particulier le FESTOURGA ;
- De participer au programme PROMO VACANCES du ministère du Tourisme et la FEGAT ;
- Etc.

Pour sa matérialisation, l'ONG ETG devra rechercher au maximum un investissement de **39.963.000 FCFA.** Les coûts de réalisation seront réduits pour les autres évènements car nous aurions déjà obtenu une bonne logistique. Ces évènements engendreront par année d'activité un chiffre d'affaire de **125.100.000FCFA**, soit par évènement **20.850.000 FCFA** entrées directes (sans prendre en compte les dépenses des touristes sur le lieu du séjour et pendant toute la durée.

Ce projet d'envergure socio-économique revêt plusieurs avantages entre autres:

- Promouvoir le secteur du tourisme au niveau de toutes les couches sociales ;
- Réduire le chômage car 3 membres de l'ONG seront régulièrement employé grâce aux recettes ;

- Offrir d'emplois saisonniers à des étudiants, aux personnes démunies, etc.

· Les circuits touristiques officiels de Mayumba[35]

Historiquement, « Mayumba représentait un point stratégique pour le négoce de caoutchouc et de l'ivoire. » Voici des informations supplémentaires relatives à quelques dates et personnages importants de son histoire :

● *1888 : Installation de la mission catholique de Mayumba*

● *1900 : Arrivée à Loango ancienne Pointe Noir de Monsieur Délicat, catéchiste envoyé par monseigneur Carrie, évêque de Loango*

● *1901 : Arrivée des commerçants tels que Messieurs Thoman de de nationalité Soudanaise, Ali d'origine sénégalaise et Morisio de nationalité portugaise*

● *1902 : installation d'une maison de commerce dénommé SOFIA[36]*

● *1904 : Ouverture du poste colonial par les administrateurs Autonn et Dumonnaie*

Autres circuits officiels de Mayumba (propositions du ministère du tourisme)

✓ **Département de la Haute Banio :**
● *La prestigieuse lagune Banio (90km) avec des ilots, ses campements de chasse et pêche faits d'étapes ludiques*

● *Plate-forme pétrolière de Didi*

✓ ***Département de la basse banio :***
● *Embouchure de la banio (pêche sportive)*

● *Mont Mayombe surplombant la ville de Mayumba*

● *Village et campements de pêche de Mayumba*

● *Le parc national Mayumba avec ses Paradies botaniques exceptionnels fait d'une flore rare et d'une faune riche*

● *Des kilomètres de cote bordées de sable fin et cocotiers propices aux vacances, repos, détentes*

● *Une mer adaptée à la pratique de la pêche sportive, surf casting, safari-*

vision et autres sports nautique

● *Missions chrétienne centenaire de Mayumba*

● *Plaine marécageuse d'Ouanga située entre la rivière doudou et l'océan atlantique*

QUATRIEME PARTIE

Quid Du Tourisme Social Au Gabon

☐

X
Aperçu des résolutions issues
du rapport final des Rencontres Nationales
du Tourisme de juillet 2019

Placées sous le haut patronage de Son Excellence Monsieur Ali BONGO ONDIMBA, Président de la République, Chef de l'État, les « Rencontres Nationales du Tourisme»[37], organisées par le Ministère des Transports et du Tourisme, s'étaient tenues à Libreville, à la Résidence Hôtelière le NOMAD, du 09 au 13 juillet 2019. Ces travaux avaient vu la participation non seulement des administrations publiques impliquées dans le secteur tourisme, mais aussi des opérateurs touristiques, des partenaires au développement, des organismes financiers, des structures de formation et des représentants de certains pays amis. Les travaux s'étaient déroulés en trois phases :

- la première phase avait été marquée par les allocutions respectives du Ministre des Transports et du Tourisme, Monsieur Justin NDOUNDANGOYE, du Président de l'Association des Offices du Tourisme d'Afrique, Monsieur Santiéro Jean-Marie SOMET et du Premier Ministre, Chef du Gouvernement, Monsieur Julien NKOGHE BEKALE.

- la deuxième phase quant à elle, avait été marquée par la présentation de la Stratégie Nationale du Tourisme par le Conseiller au Secrétariat Général du Gouvernement, Monsieur Jaume FERRE GRAUPERA.

- La troisième phase quant à elle, avait été marquée par le démarrage effectif des travaux repartis en cinq (5) ateliers, à savoir :

  - *la gouvernance et le cadre juridique ;*
  - *les infrastructures, l'aménagement et le foncier,*
  - *les besoins en investissement et modalités de financement ;*
  - *la politique de formation aux métiers du tourisme ;*
  - *l'offre touristique et la promotion de la destination Gabon.*

Notons que « lesdits travaux avaient été suivis par le partage d'expériences des pays invités, notamment : la Côte d'Ivoire, le Sénégal et le Burkina Faso. »

Dans l'élément de discussion **« doter le secteur d'une politique de formation aux métiers du tourisme »** il a été décidé ce qui suit:

  - *Mettre en place une politique de formation axée sur les métiers spécifiques du tourisme (formation courte et pratique) ;*

- *Octroyer des bourses d'études spécifiques.*

· La formation professionnelle (atelier 4)

- **Regroupement des métiers par niveau de formation**

Niveau 1 : Durée 1 an (6 mois de cours, 3 mois de stage) :

- Femme de chambre/valet de chambre
- Bagagiste, voiturier, portier
- Buandière / lavandier
- Serveur / Barman / barmaid/ barrista.

Niveau 2 : Durée 2 ans (6 mois de cours, 3 mois de stage par an) :

- Gouvernante
- Cuisinier
- Steward
- Boulanger/pâtissier
- Boucher/charcutier

Niveau 3 : Durée 2 ans (6 mois de cours, 3 mois de stage par an) :

- Agent d'accueil/réceptionniste/concierge
- Night auditor
- Économe/cost controler

- **Définition des critères de recrutement**

Niveau 1 (1 an de formation) :

- Avoir au moins 16 ans au recrutement ou à l'inscription ;
- Avoir le niveau $5^{\text{ème}}$.

Niveau 2 (2 ans de formation) Avoir un niveau $3^{\text{ème}}$;

Niveau 3 (2 à 3 ans de formation) Avoir le bac au recrutement/inscription Par validation des acquis et des expériences (VAE). En effet, en termes de diplômes il a été suggéré ce qui suit :

- pour ce qui est des métiers du tourisme nous suggérons la création d'un Bac pro, BTS et Licence pro.
- Pour les métiers de l'hôtellerie-restauration, Bac pro, un BTS, une Licence pro.
- *Mettre un accent sur la formation continue[38].*

Un autre élément de discussion a été celui « de Sensibiliser les populations locales à la culture d'accueil des touristes ». Le point préconise ce qui suit :

- **Sensibiliser les jeunes aux métiers du tourisme** depuis le pré-primaire (exemple des vacances agricoles du Ministère de l'Agriculture ou des Journées Nationales du Tourisme ou Provinciales, Départementales : Marketing par la presse spécialisée) ;
- **Promouvoir la culture du tourisme ;**
- Promouvoir les projets communautaires ; Améliorer les services d'accueil.

Enfin l'autre élément de discussion qui a attiré notre attention est celui de **« renforcer les capacités des agents publics du secteur dans le cadre d'une veille intellectuelle et technologique permanente.»**

Ainsi a-t-il été décidé ce qui suit :

- *Redéfinir les fiches de postes ;*
- *Intégrer les métiers d'appui ;*
- *Assurer le perfectionnement du personnel.*

En termes d'observations, il a été retenu que « les agents manquent de formation ».

- **Offre touristique et promotion de la destination Gabon (atelier 5)**

Dans cet atelier l'élément de discussion avait été « **promotion de la destination**». Ainsi, les amendements / recommandations qui avaient été décidés sont comme suit :

• *Organiser des eductours[39] ;*

• *Mettre en tourisme des évènements nationaux tels que la Fête des cultures, la Tropicale Amissa BONGO, Gabon neuf provinces ;*

• *Associer les influenceurs nationaux dans la promotion du tourisme (internationaux et célébrités Gabonais dans divers domaines) ;*

• *Mettre en place une corporation des ambassadeurs pour promouvoir la destination Gabon ;*

• *Sensibiliser davantage la jeunesse à la pratique du Tourisme ;*

• *Nommer des conseillers dans des ambassades des pays émetteurs.*

• *Créer une plateforme pour mettre en ligne tous les différents acteurs du tourisme.*

*En termes **d'offres touristiques**, il a été décidé comme suit :*

• *Améliorer le niveau d'ingénierie touristique[40] ;*

• *Consolider l'offre BTMICE ;*

• *Réactiver les accords de coopération avec les pays à fort développement touristique en vue de bénéficier des effets induits de cette coopération ;*

• *Se doter d'infrastructures d'accueils de qualité (salles de conférences essentiellement) ;*

• *Inciter les collectivités locales à monter et à développer des offres touristiques ;*

• *Adapter les structures d'hébergement avec les types de tourisme retenus ;*

• *Éviter de vendre les terres ;*

• *Les agences et fédérations de tourisme doivent mettre à la disposition de l'AGATOUR les divers produits montés et toutes autres informations touristiques en vue d'améliorer l'offre ;*

• *Améliorer la qualité du réceptif (hôtels, auberges......);*

• *Refaire une classification des hôtels ;*

• *Intégrer la médecine traditionnelle dans l'offre de produits à com-*

mercialiser ;

• *Créer des offres adaptées à la demande nationale et internationale ;*

Enfin le dernier point évoqué fut « LES PARTIES PRENANTES, à savoir : l'AGATOUR ; l'ANPN et les Collectivités locales qui devront :

- *Mettre en place une synergie d'actions entre acteurs étatiques et privés pour la promotion de la destination ;*
- *Mettre en place des **GIE** pour soutenir les efforts de promotion ;*
- *L'AGATOUR doit négocier avec les banques, un mécanisme d'épargne pour financer les **vacances touristiques** (Ex : **chèques vacances**[41]) et mieux intégrer ces acteurs dans la vulgarisation du tourisme domestique.*

Notre analyse des résolutions

Notre regard s'est porté sur les questions relatives **à la formation**, à **l'offre touristique** et à la **promotion de la destination**. Et nous sommes au regret de n'y avoir pas pris part jusqu'à la fin.

Tout d'abord nous constatons qu'il semble ne pas y avoir une volonté d'encourager la formation initiale de **niveau Master et doctorat** pour encourager « l'ingénierie touristique » tout comme en termes de **science de tourisme** afin qu'il y ait des réflexions permanente de haut niveau sur le problème lié au développement du tourisme dans notre pays. On a semblé mettre un accent sur les attentes financières et donc sur l'aspect industriel du Tourisme (formation continue). Ensuite, concernant **l'offre touristique**, il ne semble pas prendre en compte la catégorie des clients sociaux (étudiants, élèves et chômeurs) qui pourraient être intéressés par la découverte du potentiel touristique. Il leur faut des offres spécifiques.

Enfin, en ce qui concerne le facteur **promotion touristique**, surtout pour ce qui des évènements à caractères purement touristique (tel que le festival de tourisme du Gabon) la réflexion semble n'en avoir pas fait cas et d'ailleurs n'en évoque même l'existence. Nous pensons que les évènements dont on fait mention ne sont pas principalement au bénéfice de l'évènement touristique en ce qu'ils ne requièrent pas forcément le déplacement des non-résidents tel que le principe clé pourrait le vouloir même si les populations résidents sont concernées aussi. Nous nous demandons si toute réflexion au sujet du développement touristique au Gabon ne devrait pas inclure aussi bien un volet scientifique qu'industrielle? La formation initiale de haut niveau pourrait peut-être être un aspect à ne pas négliger.

XI
Comprendre le Tourisme social

« C'est un calcul très fautif que d'évaluer toujours en argent les gains ou les pertes… » Dixit Jean Jacques Rousseau. Une pensée fort à propos, tant à bien observer certains « penseurs et décideurs » de l'avenir du développement touristique au Gabon, l'on ne peut accorder du crédit qu'à tout interlocuteur dont on se serait déjà convaincu en amont qu'il leur rapporterait des devises du jour au lendemain comme par coup de baguette magique sans avoir forcément penser au pour et au contre de l'impétrant.

C'est à croire qu'au Gabon le tourisme n'est qu'un secteur économique qui n'a nul besoin que la réflexion soit menée aussi bien de façon « scientifique », je veux dire en impliquant les universitaires ayant « théorisé » dessus, qu'au niveau économique (en impliquant les opérateurs) pour en juger son impact social réel. C'est comme si l'on évaluait toute chose que par sa propension de « faire rentrer de l'argent » dans les caisses d'une institution mais surtout dans les poches d'un décideur « politique » de là à là sans pour autant impliquer tous les acteurs concernés et bien sûr sans avoir des préjugés au préalable qui pourraient laisser un goût amer à toute assise y relative.

« On n'a pas besoin de lui dans nos choses. Il a trop la bouche», peut-on entendre certains le dire en off dans leurs conclaves de grands stratèges du développement touristique par exemple en ce qui concerne toute réflexion au sujet de la ville Mayumba ou nous croyons avoir grandi et dont le « minimum d'honnêteté intellectuelle» voudrait que l'on impliquât un natif du coin qui pourrait faire partie des leaders en la matière et mieux encore, un jeune leader. Qui donnerait du crédit aux propositions et analyses d'un pseudo promoteur touristique ou d'animateur du tourisme local aux poches non seulement vides mais surtout trouées n'ayant jamais mis pied en France par exemple? Une sorte de donneurs de leçons (aux riches acteurs touristiques) qui iraient en France chaque week-end. Une sorte de donneurs de leçons qui n'a pas pu suivre sa formation doctorale à l'université de Liège alors qu'ayant été brillamment accepté par un collège doctoral.

Le développement du tourisme au Gabon se fera avec « ceux qui ont de l'argent » déjà ou avec ceux qui au moins une fois mis pied en France, aux États-Unis, en Espagne, en Afrique du Sud, etc. et non avec ceux qui espèrent avoir un jour cet argent et qui comptent sur le gouvernement et les collectivités locales pour intervenir dans leur pseudo stratégie de promotion et d'animation du tourisme social et solidaire au Gabon. En plus, ce sont des personnes qui n'ont que Mayumba comme référence de découverte touristique.

« Ne nous attardons pas à les écouter ! D'ailleurs mettons tous leurs dossiers stratégiques de côté, le Ministre du Tourisme a certes validé leur vision mais c'est moi qui décide. Ils n'auront rien ! » C'est ainsi que la vision de développement d'un tourisme social et solidaire pour tous se termine comme papier d'emballage de beignets chez « maman gâteau » au pire des cas, comme papier toilette dans un « toilette dit africain » ou dans les toilettes administratifs tant il y a des problèmes d'eau au Gabon.

- **État des lieux de l'évènementiel touristique à Mayumba**

« L'évènementiel touristique est une expression utilisée pour faire référence à l'ensemble des actes, manifestations et phénomènes liés aux divers évènements à la fois notables, volontairement organisés et à caractère touristique. Un tel évènement peut être artistique, commercial, culturel, éducatif, médical, politique, religieux, sportif, etc. Il doit d'une part, être le résultat d'une volonté délibérée et publiquement affichée d'une ou plusieurs organisations ou institutions publiques, parapubliques, ou privées et, d'autre part, revêtir un caractère exceptionnel, ou pour le moins, marquant ; au regard des autres manifestations de l'activité touristique. Ce caractère déterminant peut s'apprécier en termes de publicité faite autour de l'évènement, de quantité des moyens techniques et humains mis en œuvre, de nombre de visiteurs (participants au sens large), d'effets décisifs attendus (retombées économiques, image, etc.). Pour être qualifié de touristique, l'évènement doit aussi, bien évidemment, réunir un ensemble de participants comprenant un effectif significatif de touristes, c'est-à-dire, de non-résidents par rapport au lieu d'organisation de l'évènement; soit -50% semble être la proportion à retenir, les autres participants pouvant être des visiteurs à la journée soit des résidents du lieu. Ainsi, l'évènement n'implique pas que des touristes.»[42]

Ainsi, à ce jour, Mayumba peut être considérée comme la destination prisée du Tourisme social et solidaire au Gabon tant plusieurs évènements touristiques à caractère social y sont souvent organisés :

- *Le FESTOURGA (depuis 2015)*
- *La St. Valentin touristique (depuis 2016)*
- *Le tourisme religieux chrétien (dernière édition en 2015)*
- *Le tourisme religieux musulman (les mourides) dont une édition se tiendra en 2019*
- *La Coupe Jules NGOMA (depuis 1992)*
- *Miss Mayumba (depuis 2011)*
- *Conférences d'ONG ETG (au conseil départemental 2012 et au lycée 2016), etc.*

• Comprendre le Tourisme communautaire

C'est «une forme de **tourisme** qui est gérée directement par des communautés locales, en général basée dans des régions rurales et pauvres comme Mayumba et les villages environnants, et qui permet de faire bénéficier normalement un maximum de retombées financières aux populations locales ».

· L'économie sociale et solidaire

« L'économie sociale et solidaire (ESS) désigne un ensemble d'organismes dont les activités sont fondées sur les principes de solidarité et d'utilité sociale. En ce sens, les bénéfices provenant de leur activité économique ne sont pas réalisés dans un but de profit personnel mais dans une optique de réinvestissement en faveur des personnes (et notamment des salariés). Le mode de gestion de ces organismes repose sur des principes de participation et de partage du pouvoir. Le plus souvent, ces structures sont en partie financées par des fonds publics. Par exemple, les activités économiques des organismes relevant de l'ESS sont très diverses. Toutefois, elles reposent pour la plupart sur les mêmes formes juridiques : entreprises, **associations, fondations,** coopératives, **mutuelles**... Le secteur de l'ESS emploie près de 2 millions et demi de personnes en France[43]. »

· Le tourisme social et solidaire

« Le tourisme social, mouvement émergent des revendications populaires du droit aux vacances et aux loisirs pour tous, porté par de nombreuses organisations ouvrières, de jeunesse et d'éducation populaire, s'est développé dans la seconde partie

du XXe siècle à partir d'équipements permettant l'organisation d'activités touristiques en réponse aux besoins socio-éducatifs des publics concernés. Auberges de jeunesses, campings, foyers communautaires, maisons familiales, villages de vacances, etc., étaient alors considérés comme des supports permettant d'assouvir des envies de nature et de liberté, de plein air, de soleil et de mer. Il s'agissait principalement de faciliter l'accès aux vacances de primo-partants, d'accompagner un processus d'acculturation vers un univers totalement inconnu où ces véritables défricheurs du tourisme populaire avaient tout à apprivoiser : paysages, bien sûr, mais également style de vie, codes de conduites, matériels, vêtures...[44] »

Le **Tourisme social** est une forme de **tourisme,** que l'on place dans le courant du **tourisme alternatif,** voire du **tourisme durable,** qui fait la promotion des loisirs, des vacances et des pratiques touristiques pour le plus grand nombre. Ce secteur regroupe ainsi toutes les actions et les acteurs permettant de favoriser ces objectifs. Le tourisme social est donc un tourisme concerné par des soutiens, de toutes formes (Aménagement des accès par les autorités locales ou nationales, chèque-vacances, subventions), ayant pour but de favoriser une accessibilité et une intégration de tous à la pratique du tourisme. À cet effet, retenons que dans le tourisme aussi, il existe des structures à but non lucratif. Elles proposent des vacances « sociales et solidaires ». **Mais quelle est leur particularité ?**

Créée en 1920, l'Union nationale des associations de tourisme et de plein air **(UNAT)** rassemble les organismes à but non lucratif du secteur. Elle représente environ les trois quarts d'entre eux, **recensés sur son site internet.** Apprenons un peu plus sur le tourisme social et solidaire avec **Michelle Demessine, présidente de l'UNAT (France).**

Voici une interview réalisé en France dans laquelle **Mme Michelle Demessine, présidente de l'UNAT tente d'éclairer notre lanterne :**

« Les membres de l'UNAT font tout de même partir en vacances chaque année plus de 4 millions de personnes. Ils disposent de plus de 1300 établissements et de 207 000 lits. La réalité est donc que, chaque année, beaucoup de Français partent en vacances, sans le savoir vraiment, grâce à des acteurs à part entière de l'économie sociale et solidaire. Des acteurs ancrés dans les valeurs, et par leurs pratiques, dans l'ESS. Nous avons certainement un gros effort de visibilité et de lisibilité du secteur à faire. Cela passe par une affirmation de notre singularité d'entreprises de l'économie sociale et solidaire, qui œuvrent pour l'accès aux vacances pour tous, tout au long de la vie ».

Quelles sont les principales différences entre les acteurs non lucratifs du tourisme et le reste du secteur ?

M.D. : Nous pensons que la nécessaire **viabilité économique** de nos projets n'est pas incompatible avec un tourisme qui porte des valeurs. Pour employer une formule imagée, disons que l'attractivité de notre literie ne tient pas uniquement à sa qualité mais aussi à la pertinence du projet social et sociétal que nous portons et faisons vivre. C'est pourquoi nos pratiques reposent sur quelques principes fondamentaux : tarifs accessibles qui tiennent compte des revenus, application de conventions collectives exigeantes pour mieux respecter les salariés, partenariat avec le territoire, respect de l'environnement, réinvestissement des profits dans l'objet social...

Vous défendez le « droit aux vacances pour tous ». Il existe donc, selon vous, une « fracture touristique » en France ?

M.D. : Depuis de nombreuses années, le constat est toujours le même : près d'un Français sur deux ne part pas en vacances. Or les conditions financières déterminent très majoritairement ces non-départs, qui touchent 59 % des ouvriers. De surcroît, au vu de la crise économique, pour beaucoup de Français partir en vacances signifie rogner sur tout : l'hébergement, la restauration...

Pour que les droits aux vacances ne soient pas une fiction, nous avons donc plusieurs cibles à (re)conquérir : les plus pauvres bien sûr, les classes moyennes dites « inférieures » et les ouvriers et enfin les enfants et les jeunes (jusqu'à 25 ans).

Pour autant, votre public n'est pas constitué uniquement de personnes en difficulté. Il peut y avoir aussi des personnes qui font ce choix par conviction ?

M.D. : Nous sommes **un tourisme de la mixité sociale**, un tour-

· Le Tourisme social

« Historiquement, le concept de **tourisme social** s'est développé durant la période de **l'entre-deux-guerres** sur le continent européen. Il se place dans un contexte de croissance économique, de l'obtention de **congés payés** apparus en 1936 tout d'abord en France (juin), puis en Belgique (juillet), d'une augmentation du temps de loisirs et parallèlement du développement de l'offre touristique.

En 1939, la Suisse met en place la première forme du chèque-vacances, sous forme de timbres, appelées **« chèques Reka ».** Il s'agit d'une initiative prenant la forme d'une coopérative la *Reka* (abréviation de *Schweizer Reisekasse* ou **Caisse suisse de voyage).** D'ailleurs c'est dans ce pays que le terme « Tourisme social » est utilisé pour la première fois, avant de l'être en Belgique. Avec le **second conflit mondial**, il faut attendre les années 1950 pour que le tourisme social se développe à nouveau. La France utilise l'expression en 1953.

La France reste l'un des pays pionniers dans le tourisme social. L'UNAT est créé en 1920 et est reconnue d'utilité publique dès 1929. Bien qu'étant apparu en Europe, le tourisme social s'est diffusé également à travers le monde. Parmi les pays où cette forme de tourisme s'est développée on trouve la Belgique, la France, la Grèce, l'Italie, la Suisse, mais également le Canada, la Colombie ou encore le Mexique. **Le BITS** regroupe ainsi en 2005 environ 130 membres (associations, coopératives ou établissements publics) de 35 pays, situés sur l'ensemble des continents. Une section Afrique a d'ailleurs été ouverte en 2004 afin de sensibiliser à cette forme de développement touristique sur le continent'

Le tourisme social représente en France, aux débuts des années 2000, 1 800 établissements, soit 300 000 lits. Le secteur emploie 13 000 salariés et environ 63 000 saisonniers. La plupart des 60 organismes du secteur sont regroupés au sein de **l'Union nationale des associations de tourisme et de plein air** (UNAT), créé en 1920, dont le chiffre d'affaires des quelque soixante organismes affiliés est estimé à 1,295 milliards d'euros.

• L'éducation touristique

Lisons cet article de Monsieur **Tiga Cheick Sawadogo** paru dans Lefaso.net pour comprendre le concept.

En effet, au lendemain de l'ouverture de la 11e édition du Salon international du tourisme et de l'hôtellerie de Ouagadougou (SITHO), deux panels étaient au programme au pavillon soleil levant du SIAO. Les acteurs ont porté la réflexion sur « la pratique du tourisme, une opportunité pour l'amélioration de l'éducation » et « la stratégie de développement du tourisme éducatif », le 30 septembre 2016.

« La pratique du tourisme, une opportunité pour l'amélioration de l'éducation », c'est le premier thème développé par Kiswensida Aimé Ouédraogo administrateur des services touristiques au ministère de la culture des arts et du tourisme.

Après avoir défini les concepts, le conférencier a noté que le tourisme éducatif longtemps peu développé dans notre pays, connait un engouement depuis quelques années. Cela est favorisé par l'évolution des mentalités, l'émergence d'une nouvelle classe sociale et les différentes actions de promotion de ce type de tourisme. Les **Colonies de vacances** en sont la preuve. Les sorties sur les sites touristiques ne sont plus perçues comme une pratique des "blancs" et des bourgeois.

Le tourisme éducatif est particulier en ce qu'il a **un aspect pédagogique**, la composition des pratiquants (jeunes, étudiants, élèves), et les centres d'accueil (auberges pour jeunes, centre de vacances). Ce dernier aspect n'est pas encore développer au Burkina, c'est surtout dans les pays occidentaux que **des centres spécialisés** dédié aux jeunes existent.

La place du tourisme dans l'éducation est importante, a reconnu Kiswensida Aimé Ouédraogo. Détente, découverte, esprit d'ouverture, rencontres, amitiés, épanouissement sont autant **de gain** pour les élèves et les étudiants qui pratiquent le tourisme. Le tourisme, les découvertes et les rencontres qu'il occasionne **éveille l'enfant**, ce qui participe à son éducation.

Le tourisme éducatif, encore nouveau dans notre contexte, peut également favoriser la création de **nouveaux emplois**, foi du conférencier. « Il y a des enjeux d'ordre environnemental, plus les élèves et étudiants vont connaitre leur **environnement**, mieux ils pourront le **défendre** » a poursuivi l'orateur.

Kiswensida Aimé Ouédraogo a donc préconisé que les autorités et les acteurs du domaine définissent une **vision claire** du tourisme éducatif, et surtout revoient les textes qui ne font pas cas de ce type de tourisme, construisent des infrastructures adaptées au jeune public et implique les acteurs de l'éducation.

« **La stratégie de développement du tourisme éducatif** » a été le deuxième point développé pendant ce panel. L'orateur a préconisé un encadrement du personnel touristique et la définition des statuts juridiques des sites touristiques pour faciliter leur aménagement et pérenniser leur exploitation.

• Le droit au voyage

Dans **http://blog.ecologie-politique.eu/post/Le-voyage-un-droit-humain,** *nous pouvons lire:*

« Qu'on ait trois semaines pour voyager, comme les rythmes du travail salarié nous y contraignent, et on « fera » un pays. Qu'on en ait plus, et on en visitera d'autres. Plus on a de temps, plus on étend son voyage dans l'espace. L'idée principale étant qu'en trois jours on a épuisé l'intérêt superficiel de lieux où d'autres vivront toute leur vie. Comme c'est écrit sur un t-shirt, **"Thank God, I'm a tourist; I don't have to live here!"**

À bien lire ce passage, on serait tenté de penser qu'un état qui n'encourage pas ses concitoyens à découvrir leur pays et ainsi à choisir le lieu de leur résidence permanente, de logement, etc. serait un état « criminel ». Cela selon ressemble à un emprisonnement volontaire et non-dit de sa population puisqu'on la prive de faire le choix du lieu de résidence permanence tout comme de choisir le métier que la personne voudrait bien exercer d'autant plus qu'on aura tendance à choisir que ce que notre environnement nous impose de connaitre.

Quelles opportunités peut-on prétendre avoir lorsqu'on est en captivité, en prison ? Car soulignons qu'en prison il peut aussi nous arriver de se promener dans la cours, même si c'est une promenade surveillé tout comme l'on le vit pendant une sortie touristique.

Si l'on ne voyage pas au moins une fois chaque 2 ans, en fait ne nous étonnons pas que l'on se sente névrosé et perdu surtout si l'on a déjà atteint une certaine maturité qui nous impose le besoin de choisir ses amis, ses fréquentations et surtout le lieu de notre résidence permanente.

À nos yeux, un éternel sédentaire ressemblerait plus à une soi-disant personne libre mais qui est prisonnière dans un espace plus grand telle une personne interdite de quitter un territoire, un prisonnier politique assigner à résidence.

Par conséquent, promouvoir le tourisme social et solidaire au niveau interne au Gabon pourrait aider bon nombre de compatriotes à élargir leurs horizons afin de mieux apprécier les opportunités d'affaires dont le pays regorge et mieux se lancer dans l'entreprenariat par amour et par conviction et non parce qu'ayant été contraint par la mode sociale et politique.

• Différence entre le tourisme en tant que science (objet d'étude) et le tourisme comme industrie

✓ La science du tourisme

Le constat amer est fait que les quelques tentatives de réflexion faites autour du Tourisme portent principalement sur le tourisme en tant qu' « industrie ». Nous ne nous soucions pas de comprendre ce qu'est la « chose » elle-même comme le font les chercheurs d'ailleurs, tant nous sommes convaincus de la comprendre pourtant ailleurs, la communauté scientifique via par exemple des laboratoires de recherche y relatives semblent s'intéresser au premier chef ; ce qui a conduit à en parler comme étant une industrie aujourd'hui. Mais ces chercheurs à notre humble avis créeraient des théories et des approches propres principalement à leur environnement immédiat. Ce qui apparemment semble démontrer pourquoi les pays telles que la France paraissent en tirer profit.

Au Gabon, l'on devrait tenter d'organiser le tourisme en **deux pôles de réflexions à savoir** : le Tourisme comme industrie (sous l'égide de l'Agatour) qui créerait une section **agence de publicité et de journalisme en tourisme par exemple** (pour une meilleure promotion) et le Tourisme comme phénomène scientifique (sous l'égide d'un centre de recherche telle que l'IRSH par exemple). *Cet aspect scientifique est le prochain volet que l'ONG souhaite développer (prospection, enquête, dépouillement, hypothèses, théorisation, produits, etc.).*

Puis, il y aurait **un comité permanent d'arbitrage** composé de scientifiques et d'opérateurs touristiques qui auraient la responsabilité d'inciter les uns et les autres aussi bien à l'entreprenariat touristique certes, mais aussi à l'élaboration d'une recherche scientifique autour de la science du tourisme afin de mener des réflexions profonde sur un sujet aussi complexe de par sa transdisciplinarité[46] . Car ce n'est pas en se réunissant pendant 3 jours d'assises que le Gabon pourrait mieux valoriser ce secteur à la fois scientifique qu'économique. Le tourisme scientifique[47] au vu de l'écosystème touristique qu'à le Gabon pourrait constituer une source de motivation pour tenter de s'interroger autour de la science du Tourisme et ainsi encourager la recherche scientifique à ce sujet et non seulement atteindre que **500.000 touristes** nous visitent par an. Sans comprendre réellement ce qui pourraient les motiver à venir et les fidéliser de façon durable. Nous nous posons ainsi la question de savoir combien d'écrits universitaires ou autres existent-ils au sujet du Tourisme au Gabon ? Combien de réflexions scientifiques sont faites hors rendez-vous à vocation économiques et politiques ? Combien de docteurs en tourisme y a-t-il au Gabon ? Dans quel laboratoire de recherche la réflexion sur le tourisme est-elle menée ?

Voici autant de questions qui soutiennent que la sémantique même du mot « tourisme voire touriste » reste vraiment des tentatives touristiques de réflexions touristiques tant nos actions en faveur de la chose qu'est « le tourisme » sont éphémères et donc ne durent pas plus de 6 mois de réflexions pour atteindre des résultats durables et fiables...

Il devrait y avoir un comité permanent sur le Tourisme, un laboratoire de recherche par exemple et s'il existe alors qu'il travaille un peu plus et qu'il aille vers les passionnées de la réflexion sur l'essor du tourisme.

Comme qui dirait (Stafford, 2003) : « le champ de connaissance du Tourisme (ou téorologie pour Stafford) peut alors être identifié comme espace d'intégration d'approches multidimensionnelles des niveaux de la réalité complexe que représente le tourisme. La téorologie se définira par cette capacité d'intégrer des éléments disparates liés à l'espace et au temps, à l'économie et à la politique, à la psychologie et à la gestion et enfin à la culture et au patrimoine, Stafford, 1992 : 44-46» cette intégration et cette collaboration de diverses disciplines forment le champ « des sciences du tourisme ». L'intérêt pour une recherche théorique et l'indentification permanente des problèmes (Stafford, 2003) du tourisme est fondamentale. Nous dirions autant pour le Gabon.

Ainsi les centres d'intérêts autour des « sciences du tourisme » tourneraient sur : 1) la déconstruction négativiste autour des termes tourisme et touristes par la sensibilisation de masse ; 2) une analyse profonde autour de la recherche scientifique sur le tourisme entre autres, faire le diagnostic régulier des problèmes que rencontrent les acteurs par des enquêtes et une critique permanente et remise en cause des politiques et lois y afférentes ; 3) comprendre au mieux son aspect sociétal complexe gravitant autour du voyage (industrie et organisation) ou à celle du voyageur (la motivation). En conclusion ces principalement autour des axes que pourraient réellement réfléchir le comité scientifique des chercheurs en Tourisme ajoutés aux propositions et statistiques de terrain obtenus via les opérateurs. C'est cette collaboration que nous qualifions de « sciences du Tourisme » que nous différencions de l'industrie touristique à proprement parlé.

✓ **Le tourisme comme industrie**

« L'industrie du Tourisme regroupe l'ensemble des activités et agents économiques exerçant sur le secteur des services d'hébergement, de réservation ou d'organisation de séjours de voyage, de vacances ou de loisirs à destination des consommateurs locaux ou étrangers.

Ainsi, la filière touristique est représentée par des professionnels de l'hôtellerie, de la restauration, des agences de voyages, des tour-opérateurs, des guides touristiques, de l'artisanat, des musées, monuments, des entreprises de services ou de divertissement mais aussi des soins du corps dans le but de vivre une nouvelle expérience : découvrir une ville, un lieu, une région ou un pays. C'est l'envi de répondre au besoin d'un désir ressenti.

Ainsi est-il important de comprendre **à quel secteur économique le tourisme appartient-il** ? C'est quoi le secteur primaire, secondaire ou tertiaire ?

- Le **secteur primaire** regroupe l'ensemble des activités et agents économiques exerçant directement dans l'exploration, l'extraction et l'exploitation, la production et la distribution des matières premières auprès de particuliers ou des professionnels. Pour être précis il inclut : l'agriculture, l'extraction minière, pétrolifère, gazière, etc.

- Le **secteur secondaire** rassemble l'ensemble des actions et opérateurs du type industriels : la transformation des matières premières en produits finis ou semi-finis. Elle symbolisée par les usines ou la manufacture.

- **Le tertiaire** : il réunit l'ensemble des activités et agents économiques représentés par les **entreprises de services** ou le commerce du bétail. **Le tourisme** y serait inclus.

XII

Le projet E-TOUR GABON,

une piste de solution pour la promotion de la destination

Sur notre **LETTRE D'APPRECIATION** nous pouvons lire : « **à l'issue du programme de formation entrepreneuriale, AIRTEL-UNESCO 'former ma Génération Gabon 5000',** le projet d'entreprise dénommé « **E-TOUR GABON,** une agence numérique de journalisme et de publicité touristique, a retenu l'attention du Jury et s'est vu adresser nos plus vives et sincères félicitations pour sa participation au parcours d'accompagnement à la création d'entreprises initié par le bureau de l'UNESCO au Gabon en partenariat avec Airtel Gabon et l'Incubateur Multisectoriel de Libreville (IML).

Ce programme a permis grâce à une période d'incubation de 4 mois à compter du 28/09/2018 au 28/12/2018 au sein de l'Incubateur Multisectoriel de Libreville (IML) de bénéficier des outils à la création d'entreprises innovantes dans le numérique.

E-TOUR GABON propose comme services : le journalisme touristique, la publicité touristique (c'est-à-dire, la réalisation et la vente des publicités, des reportages, publi-reportages touristiques, documentaires, émissions touristiques) qui se feront dans le studio de l'agence et/ou sur le terrain (chez le client ou dans les sites touristiques publics ou privés) ; Et l'organisation des séjours touristiques locaux. »

Pour nous cette reconnaissance de l'UNESCO est une recommandation faite à l'État ou à toute réflexion faite autour de la promotion touristique voire de l'offre touristique locale.

Nous pensions que **E-TOUR GABON** (voir le business plan pour les détails) faisant partie de l'actualité touristique du pays, sa vision aurait été prise en compte dans le volet promotion de la destination sans que nous-mêmes n'ayons eu besoin de s'en faire l'écho.

C'est un projet dont le coût global de réalisation est estimé à **18.718.650 FCFA.** Il se veut être une réponse exprimée dans le pilier 3 du PSGE, objectif stratégique 16.

CONCLUSION

Cet ouvrage intitulé « **QUID DU TOURISME SOCIAL AU GABON : Mayumba, quel avenir touristique ? Le Festival de Tourisme du Gabon** », tente de mener une réflexion sur la valorisation de la destination touristique qu'est Mayumba.

Le constat qui est fait est que Mayumba est une côtière qui bénéficie d'évènements touristiques sociaux tels qu'énumérés en amont. Depuis de nombre années il y a comme un désir des Gabonais et des non-Gabonais vivant au Gabon de vouloir à tout prix y séjourner au moins une fois chaque 2 ans.

Cet ouvrage leur apporte une piste de solution en ce qu'il présente un évènement touristique de la mixité social au Gabon qui acceptent la participation de toute catégorie sociale des potentiels clients.

Aussi le livre présente-t-il la ressource touristique de Mayumba. Un potentiel qui intervient principalement pour le montage de circuits des différents produits que consomment les touristes pendant leur séjour.

Enfin, l'ouvrage a tenté d'explorer les volets soulevé dans le Rapport final des RNT en faveur du tourisme social. Il en ressort l'aspect des chèques vacances qui semble être intéressant ainsi que la sensibilisation des jeunes à la question touristique n'ont pas clairement évoqué pour mieux éclairer notre lanterne.

Nous attendons impatiemment de voir la matérialisation de cette stratégie nationale du Tourisme pour atteindre les 500.000 touristes escomptés par le gouvernement.

Glossaire

Chambre chez l'habitant et pensions : En Grande Bretagne ce type d'hébergement est très répandu ; moins onéreux que les hôtels, il donne aussi l'occasion de rencontrer les gens du pays. Ils pourraient être assimilés aux cases de passage chez nous.

Circuit touristique : Un circuit touristique peut désigner un forfait touristique ou un trajet touristique lorsqu'il est en boucle ; lorsque le départ et l'arrivée se font au même point.

Circuit touristique de base: c'est le forfait touristique principal, un ensemble de produits-phares à consommer obligatoirement dans une destination touristique considérée. Il implique l'utilisation des mêmes produits et services, le même point de départ et d'arrivée dans cette destination. Il est à l'usage public et non forcément la propriété d'un voyagiste.

Existant : C'est l'ensemble des biens prévus pour le bon fonctionnement des structures hôtelières. L'ensemble des structures d'hébergement conforment qui obéissent aux normes en matière de confort, d'hygiène. C'est ce qui existe présentement.

Hébergement touristique : C'est toute installation qui, régulièrement ou occasionnellement pourvoit à l'hébergement des touristes. Il est reparti en plusieurs catégories : meublé pour touristes, village vacances, camping, chambres d'hôtels. Il est divisé en deux grands groupes : les établissements collectifs, c'est à dire qu'ils mettent à disposition d'un voyage une chambre individuelle ou collective.

Logement chez l'habitant (Bed and Breakfast) : Un domicile privé dans lequel les visiteurs sont accueillis dans des chambres privées. Les meubles sont partagés avec eux aussi bien que le petit déjeuné et parfois même le repas.

Maison d'hôte (guest house) : Demeure privée convertie et dédié à l'accueil et l'hébergement exclusif des visiteurs. Le propriétaire ou le gérant vit en dehors ou dans une partie séparée de la propriété. Elle offre divers services et le repas.

Patrimoine culturel : Le patrimoine culturel dans son ensemble recouvre plusieurs grandes catégories de patrimoine :

- le patrimoine culturel matériel : -le patrimoine culturel mobilier (peintures, sculptures, monnaies, instruments, manuscrits...),
- le patrimoine culturel immobilier (monuments, sites archéologiques...),
- le patrimoine culturel subaquatique (épaves de navires, ruines et cités enfouie sous la mer),
- le patrimoine culturel immatériel (traditions orales ; sites archéologiques...),
- le patrimoine naturel (sites naturels ayant des aspects culturels tels que paysages culturels, formations physiques, biologiques ou archéologiques...). UNESCO.

Promotion : On entend par promotion, une opération qui consiste à associer à un produit, selon le Mercator, un avantage temporaire destiné à faciliter ou stimuler son utilisation, son achat et ou sa distribution. Elle peut passer par un ensemble d'action de communication comme la publicité, mais ne se limite pas à cela. En définitive, elle est une opération qui consiste à vendre un produit touristique à la carte ou en package, en réseaux de vente ou à la carte. En d'autres termes, cette opération est temporaire. Elle est effectuée en vue de faire connaitre un produit ou d'en accélérer la vente à des conditions intéressantes pour la clientèle, ou visant à stimuler les réseaux de vente. L'objectif étant pour nous, que les populations de Mayumba puissent se créer des activités autour du secteur afin de résorber le chômage et promouvoir le loisir.

Potentialités touristiques : Selon le dictionnaire Larousse, Ce sont des possibilités d'attraction des touristes qui existent dans un lieu bâti ou non bâti. D'après cette définition, nous pouvons y inclure plusieurs éléments qui vont du naturel au construit. L'ensemble des biens et services que l'on met à la disposition du public, c'est ce qui constitue son attraction majeur. C'est l'ensemble des biens de consommation par lesquels la station touristique peut se développer. Ce développement passe par leur propre développement ... Elles se confondent à l'expression Produits touristiques. En effet, l'ensemble de ces prestations contribuent au fonctionnement d'un circuit touristique. Ainsi, parce qu'elles englobent des prestations de services, elles constituent donc un produit touristique (composé de plusieurs produits complémentaires liés à l'accueil : hébergement, transport, restauration, visites, animation, etc.).

Réceptif : c'est une agence ou organisme local, qui se chargera d'un groupe lors d'un voyage organisé, d'un séjour quelconque. Souvent le voyagiste propose des circuits ou des prestations qui en réalité seront pris en charge sur le site, le lieu, par une sous-traitance. C'est aussi un lieu qui vous permet de vous loger en fonction du type d'hébergement choisi. En effet, une organisation prépare le voyage et le réceptif offre sa logistique : hébergement, loisirs, visite, etc.

Touriste : Pour l'OMT (Organisation Mondiale du Tourisme), un touriste est soit un visiteur soit un voyageur. Les visiteurs regroupent les touristes - comptabilisés à partir des nuitées - et les visiteurs d'un jour - les excursionnistes - décomptés par questionnaires, statistiques des entreprises et autres recherches individuelles. Un voyageur est une personne qui se déplace entre deux ou plusieurs pays ou entre deux ou plusieurs localités dans son pays de résidence habituelle (Nations unies, 1993).

Tourisme : Pour l'OMT, le tourisme est un déplacement hors de son lieu de résidence habituel pour plus de 24 heures mais moins de 4 mois, dans un but de loisirs, un but professionnel (tourisme d'affaires) ou un but sanitaire (tourisme de santé). La commission des statistiques des Nations unies, en 1993, précise la définition et caractérise le tourisme comme un ensemble d'activités déployées par les personnes au cours de leurs voyages et de leurs séjours dans des lieux situés en dehors de leur environnement habituel pour une période consécutive qui ne dépasse pas une année, à des fins de loisirs, pour affaires ou pour d'autres motifs. On distingue le tourisme intérieur, qui regroupe le tourisme interne (résidents visitant leurs pays) et le tourisme récepteur (non-résidents visitant un autre pays que le leur), le tourisme national qui regroupe le tourisme interne et le tourisme émetteur (résidents d'un pays visitant d'autres pays) et le tourisme international qui comprend le tourisme récepteur et le tourisme émetteur.

Tourisme durable : le tourisme durable et le tourisme responsable sont des termes équivalents désignant l'application des principes du développement durable au tourisme. Ces termes clés englobent nombre de formes de tourisme alternatif. La notion de tourisme durable reprend les trois concepts piliers du développement durable, à savoir les aspects environnementaux, sociaux et économiques de la vie en société, adaptés à ce secteur particulier.

Bibliographie

DELICAT Chérubin, la Mission Catholique de Mayumba de 1888 à 1958, Mémoire de Maîtrise en histoire, soutenu en octobre 1984 » disponible à la bibliothèque de l'université Omar Bongo répertoire n° 1220

ADA BIKORO Augustine (2009) *Étude Ethnologique des Potentialités touristiques de Cap Caravane* : Mémoire DESS : Tourisme. Libreville : Université Omar BONGO

IGOUWE Marie-Noel (2006). *L'Écotourisme :* une perspective de développement pour le Gabon. Mémoire DESS : Tourisme. Libreville : Université Omar BONGO.

MEKUI M'OBIANG Manuela (2010). *Catalogue analytique des mémoires de Maîtrise de 2000 à 2008 du Département d'Anthropologie de l'Université Omar BONGO* : Mémoire de Maîtrise Anthropologie. Libreville : Université Omar BONGO.

MENGUE BEKA Alexandrine (2009). *Gabon tour et la Promotion touristique à travers la Publicité :* Mémoire de DESS : Tourisme. Libreville : Université Omar BONGO.

MOUSSAVOU MOUANGA Imelda (2009). *L'existant en matière de réceptifs hôteliers officiels à Libreville :* le cas de la direction générale de l'hôtellerie et du contrôle des hôtels. Rapport/Mémoire DESS : TOURISME. Libreville : Université Omar BONGO.

PARNEL Richard, SANDERS Aimée et NGUESSONO Solange. *Mayumba Tourism Brochure (2008).*Mayumba : un mélange unique de vie sauvage extraordinaire, de riche culture africaine, et d'ambiance balnéaire tranquille. Libreville, WCS.

VANDE WEGHE Jean Pierre (2007). *Gabon's national Parks:* Loango, Mayumba and lower Ogoué). Libreville, WCS.

Documentaires télévisés

BENTENCOURT François- Xavier (09/09/2013) *Sauver le Mont St. Michel des sédiments de sable et du tourisme de masse.* Émission Compensée Carbone « Vu du ciel » Libreville : Gabon TV

FOSCARI Anthony. (09/09/2013) *Sauver Venise après 1000 ans de vie des eaux et des algues vertes.* Émission Compensée Carbone « Vu du ciel » Libreville : Gabon TV.

Sites Internet

http://www. mayumbanationalpark.com, consulté en mars 2012.

http:/www.cnrtl .fr/lexicographie/touristique, consulté en mars 2014.

---

[1] Concept créé par l'auteur.

[2] Certains monuments sont classés patrimoine par l'Unesco car, ils peuvent retracer l'histoire d'une communauté ou peuvent être bénéfiques pour la survie de l'écosystème mondiale.

[3] Faire de Mayumba une commune touristique pourrait devenir notre projet social si nous faisons de la politique un jour.

[4] Fond d'Initiative Départementale (une décision du Président Ali Bongo datant du mois d'avril 2018 visant à booster les économies rurales).

[5] Festival de Tourisme du Gabon

[6] ONG ENGLISH FOR TOURISM IN GABON, Tour Opérateur Social créé en novembre 2012 par l'auteur.

[7] Gestion touristique hôtelière et environnementale

[8] Habitant de Mayumba

[9] Le Royaume Loango serait né de la dislocation du Royaume Kongo. A la même période, deux (2) autres provinces

auraient pris leur indépendance et se seraient érigés en petits États au Sud du Loango.

[10]
 Ancienne zone administrative et commerciale de Mayumba. Ce nom a été remplacé par Tchiole Ndembet.

[11]
 Sont concernés : les côtes Camerounaises, Nigérianes et Ghanéennes ; Mais la majorité reste dans les eaux Gabonaises.

[12]
 Union internationale pour la conservation de la nature, créée en 1948 et devenue plus récemment l'Union mondiale pour la nature, rassemblant des États, des organismes publics et des ONG. Elle s'est imposé comme l'institution qui « pense » la conservation de la nature et assiste les États dans la multitude de tâches que la conservation impose. Son siège est à Gland, près de Genève en Suisse, mais possède des représentations régionales, notamment à Yaoundé au Cameroun (Jean Pierre Vande Weghe, Akanda et Pongara, Plages et mangroves, WCS).

[13]

[14] i' indiques une tendance croissante de la population
 Loxodontacyclotys est actuellement reconnu comme une espèce unique par l'UICN.

[15]
 Association mère de la localité née en 1990 (Amicale des Jeunes de Mayumba).

[16]
 ONG ENGLISH FOR TOURISM IN GABON (née le 11 novembre 2012 à Libreville).

[17]
 ONG ENGLISH FOR TOURISM IN GABON

[18]
 L'association française de normalisation (afnor) représente la France auprès de l'organisation internationale de normalisation (ISO) et du comité européen de normalisation (CEN)

[19]
 Calendrier des évènements touristiques de l'ONG ETG sur toute l'année.

[20]
 Magazine de l'écotourisme (13/02/2005)

[21]
 Le Festival de Tourisme du Gabon (en août), la Journée Mondiale du Tourisme en Province (fin septembre), l'Arbre de Noël Touristique (mi-décembre), la St. Valentin Touristique (mi-février), le Festival du Tourisme Scolaire et Universitaire (avril et mai), le Ndjoka touristique (à la demande du touriste) et les weekends touristiques (un weekend par mois).

[22]
 Afrique Equatoriale Français

[23]
 Agence nationale des parcs nationaux.

[24]
 Gestion touristique, hôtelière et environnementale.

[25]
 Programme de Valorisation du Tourisme social et solidaire

[26]
[27] Traduit par ONG l'Anglais Pour le Tourisme au Gabon (ATG)
 Croisière internationale avec T.O du Benin (évènementiel)

[28]
 Stratégie nationale de développement du tourisme.

[29]
 Associated with the British nobility, the « Grand Tour » is remembered as the historical travel phenomenon that became part of the social fabric of aristocratic Europe in the late 17th and 18th centuries...Traveling by boat from Dover to Calais, Tourists would then continue by coach to Paris and where they rented an apartment for weeks to several months. It was a regular feature of aristocratic education in Central Europe. Those from a more humble origin with sponsors could partake. Then came the "Thomas Cook's Tour" which announced "early mass tourism. Source: Wikipédia.

[30]
 La première expérience de tourisme de masse a eu en 1841, lorsque Thomas Cook (1820-1890), hommes d'affaires britannique organise un voyage en train. C'était la première fois qu'on rassemble des gens dans une gare, qu'on les compte, etc. Son côté positif est le fait qu'il nous permet de juger la notoriété d'un site touristique, d'une destination et de réduire les coûts du séjour. Contrairement au surtourisme (situation dans laquelle il est jugé qu'un trop grand nombre de touristes visitent un lieu) et à la tourismophobie (rejets des touristes surtout du tourisme de masse or il faut simplement le nombre de touristes dans un lieu au cours d'une période bien donnée). Il faut ordonner le flux touristique car les pays en développement ont besoin de ces devises contrairement peut-être aux grandes destinations touristiques du monde.

[31]
 Incubateur d'entreprise : structure d'accompagnement de projets de création d'entreprises. L'incubateur peut apporter un appui en termes d'hébergement, de conseil et de financement, lors des 1ères étapes de la vie de l'entreprise. Elle diffère de la pépinière ou d'un hôtel d'entreprises. Elle s'occupe des plus petites. Ils sont lucratifs ou non et ont différents services et des types de projets qu'ils ciblent.

[32]
 Festival de Tourisme du Gabon

[33] Dans notre approche le thème d'un voyage (ex : FESTOURGA) sera aussi le nom de nombre circuit touristique dans le produit à promouvoir.

[34] Tour Opérateur Social

[35] Proposition du Ministère du Tourisme

[36] Société française Industrielle d'Afrique. Source : Ministère du Tourisme

[37] RNT, Libreville, Résidence NOMAD, du 09 au 13 juillet 2019

[38] C'est un processus d'apprentissage qui permet à un individu d'acquérir des savoirs et savoir-faire. Ce type de formation concerne ceux qui ont terminé la formation initiale et sont pour la plupart rentrés dans la vie active. Elle s'oppose à la formation initiale qui est obtenue au terme d'un cycle ou dans le cadre éducatif et dans le cadre d'apprentissage et d'expérience acquise en entreprise. Wikipédia.

[39] L'éductour est un terme technique utilisé par les professionnels du tourisme. Il s'agit de voyages ou de circuits de promotion et d'information réalisés par les fabricants de voyages et proposés gratuitement aux agences de voyages et tour-opérateurs. C'est donc une offre faite par les fabricants de voyages à certains personnels d'agences de venir découvrir sur quelques jours (gratuitement ou à peu de frais) leurs nouveaux circuits du produits. Le but étant bien sûr que les revendeurs soient au courant de leur offres. www.monde-du-voyage.com/voyager/glossaire.php

[40] Ensemble des activités dont l'objet est de (re)mettre en valeur le patrimoine d'un territoire. Ils sont spécialisés pour aider les collectivités locales pour développer des activités de loisirs. Ils connaissent les publics visés, l'environnement socio-économique qui influe sur la viabilité du projet et des diverses compétences qui doivent être réunis pour la matérialisation du projet. Confluences.ens-lyon.fr

[41] Le principe du chèque-vacances repose sur une aide personnalisée destinée à accompagner toute forme de départ en vacances. En France par exemple, c'est l'Agence Nationale pour les chèques-vacances qui délivre aux employeurs ou au comité d'entreprises ces chèques. Ils dépendent du niveau parfois du niveau de ressource du salarié sans que cela ne soit une obligation. Wikipédia.

[42] Jacques SPINDLER, « L'évaluation de l'évènementiel touristique », études coordonnées par Jacques SPINDLER avec la collaboration de David HURON, l'Harmattan, 2009

[43] https://droit-finances.commentcamarche.com/faq/41161-economie-sociale-et-solidaire-definition

[44] https://journals.openedition.org/soe/1423

[45] https://www.essentiel-sante-magazine.fr/societe/economie-sociale-et-solidaire/le-tourisme-social-et-solidaire

[46] Centre international de formation et de recherche en tourisme, vers les sciences du tourisme ? Complexité et transdisciplinarité

[47] Certains n'acceptent l'existence d'un tourisme scientifique. Toutes fois il pourrait y avoir 4 axes y relatifs : 1) le tourisme d'exploration et d'aventure à dimension scientifique ; 2) tourisme culturel proche de l'écotourisme ou du tourisme industriel ; 3) l'éco volontariat scientifique ; 4) tourisme de recherche scientifique. Source : extrait de Téoros.

www.ingramcontent.com/pod-product-compliance
Lightning Source LLC
Chambersburg PA
CBHW062206280526
45788CB00001B/468